楽しく学べる！
くずし字・古文書パズル①

小林正博

潮新書
034

潮出版社

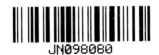

はじめに

人生百年時代だという。

昔は還暦といって生まれた干支《えと》に再びめぐりあうと、赤いちゃんちゃんこを着て、子や孫に長寿の祝いをしてもらった。これは今で言えば満六十歳、昔は旧暦だから数えで六十一歳だ。

しかし、現代では六十そこらではまだ若輩もの、古希（七十）、傘寿（八十）、米寿（八十八）と続く長い余生をどう生きるかが一人ひとりに問われている。

生涯学習時代の幕開けだという。

昔は「六十の手習い」と言えば、年をとってから始める習い事のことで、遅きに失した響きがあった。

ところが、現代ではまったく違う。第二の人生で選んだ道を究《きわ》めるには、十分な時間と学習環境が用意されているからだ。生涯学習は、学びたいものを「みつけ」、研鑽して「ふかめ」、同学の仲間と「つながり」、学びの成果を外へ「ひらき」、地域・社会に「ひろげる」というステップアップを踏むことで完結すると考えている。

長寿社会についての導入部分はこの辺でやめて、閑話休題《かんわきゅうだい》、本書の内容の紹介をしていきたい。

本書は、従来の古文書学習書にはないアイデアを取り入れている。今、テレビのゴールデンタイムで盛んに取り上げられている漢字クイズ番組や、よく売れている漢字ドリル本の流行をヒントにして、ひらがな・漢字パズル形式から、くずし字学習へとつなげることを編集方針に置いたところに特徴がある。

構成は「ひらがな編」と「漢字編」に分け、四字熟語・並べ替え・しりとりなどの問題の材料を「くずし字」にして出題している。

これまで敷居が高いと思われがちだった古文書学習への入り口を通りやすくするため、古文書学習者はもちろん漢字検定有資格者、歴史愛好者などにも、抵抗なく興味を持って受用されるように工夫を凝《こ》らしている。

したがって、これは「くずし字版ことばパズル」という本邦初の試みでもある。ゲーム的な遊び感覚で、まさに「くずし字を楽しく学べる！」本書を、携帯が容易な新書版の利点を生かし、いつでもどこでも大いに活用していただければ幸いである。

令和二年三月十六日

一般社団法人古文書解読検定協会代表理事　小林正博

（追記）

なお、本書は潮新書の「くずし字・古文書入門シリーズ」の第六冊目にあたりますが、既刊の五冊も累計で八万部の出版を重ねていますので、解読力向上のためにご購読をお薦めします。また、ご自分の解読力のレベルを試したいという方には、古文書解読検定協会が主催する「古文書解読検定」が実施されていますので、ぜひ挑戦していただければと思います。

楽しく学べる！　くずし字・古文書パズル①◉目次

I ひらがな編

II 漢字編

装丁／清水良洋（Malpu Design）
構成／梶川貴子

「古文書解読検定」について

本邦初の「古文書の解読検定」と銘打って、二〇一六年七月からスタートした検定試験です。三級・準二級・二級までが郵送形式の試験、準一級・一級は会場での試験になっています。

これまで、検定対策本として柏書房から『実力判定　古文書解読力』、『誤読例に学ぶくずし字――古文書解読検定総復習』、宝島社から『読み書きで楽しく学ぶ　くずし字入門』、潮出版社から『いろはで学ぶ！くずし字・古文書入門』、『解いて覚える！くずし字・古文書ドリル』などの「くずし字・古文書シリーズ」五冊、合計八冊を出版しています。

本検定の特徴は、合否はもちろん総合順位、問題別正解率、都道府県別合格者数などがわかることで、けっこう刺激的な試験になっています。

本検定に興味のある方は、古文書解読検定協会へ、おハガキまたは協会ホームページより「検定案内パンフ」をご請求ください。

おハガキでの検定案内パンフ請求先　（郵便番号　住所　お名前・年齢を記入の上）

〒192-0082　八王子市東町6-8-202　古文書解読検定協会宛

I

ひらがな編

言葉つながり問題

ここでは、今は使われていない「変体仮名」をしっかりと読み書きできるようになることを目標に、「あ」から「ん」までのひらがなで答える問題が六題あります。

たて四つの三文字のひらがな言葉と、よこ三つの三文字のひらがな言葉がつながるように、ひらがなを埋めていく問題です。

ただし、答えは、**「ひらがなのくずし字」**を書き入れてください。

なお、解答ページの下段には、江戸時代に使われていたひらがなの中で、主なくずし字を一覧にしています。くずし字の下にある漢字はひらがなのもとになっている字母ですので、あわせて確認しておきましょう。

言葉つながり問題①

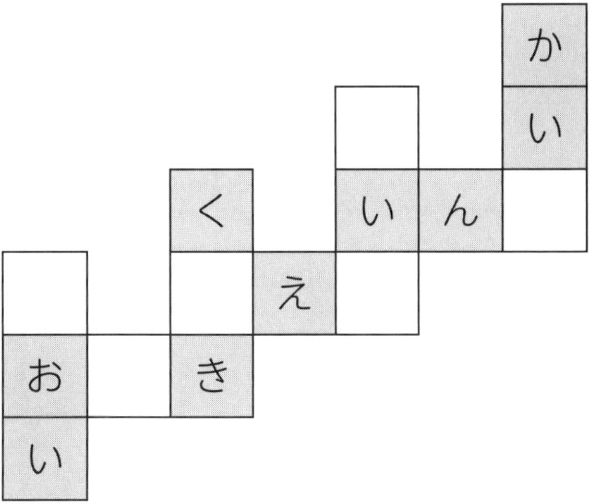

▶ヒント１
次のひらがなの中から**６つ**使われています。

あ　い　う　え　お　か　き　く　け　こ

▶ヒント２
次のくずし字が□に入ります。

【ヒント２を解読】

解答と主なくずし字

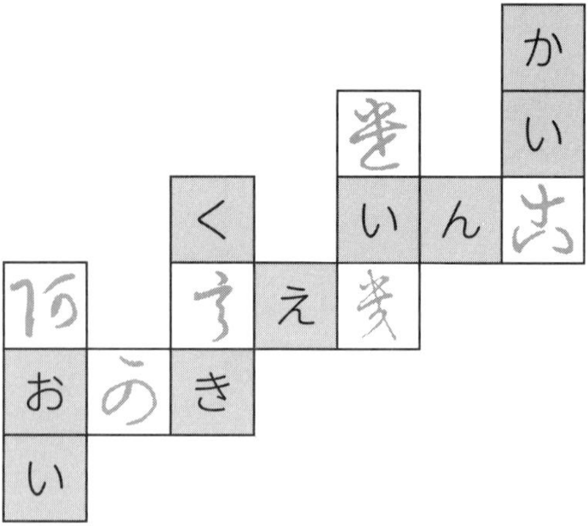
か
い
く
い
ん
え
お
き
い

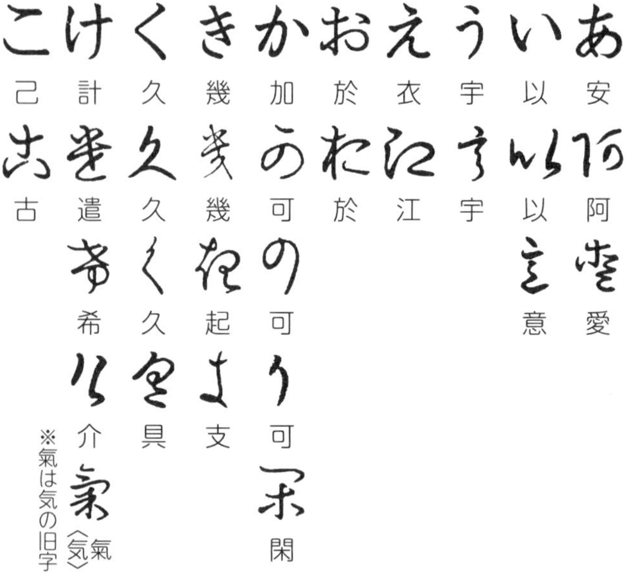
あ い う え お か き く け こ
安 以 宇 衣 於 加 幾 久 計 己
阿 以 宇 江 於 可 幾 久 遣 古
愛 意 可 起 久 希
可 支 具 介
閑 氣〈気〉
※氣は気の旧字

言葉つながり問題②

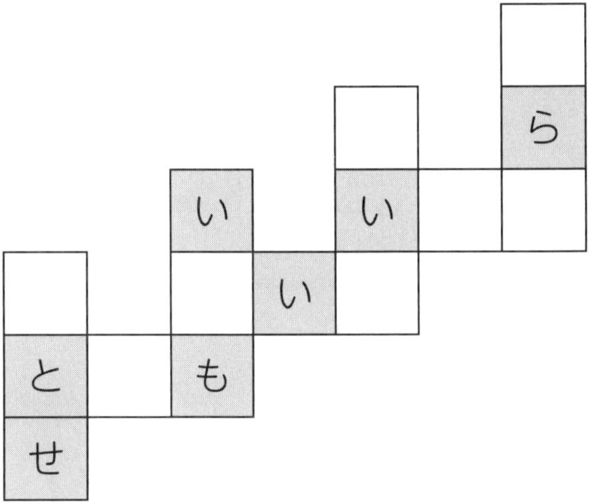

▶ヒント1
次のひらがなの中から**8つ**使われています。

さ し す せ そ た ち つ て と

▶ヒント2
次のくずし字が□に入ります。

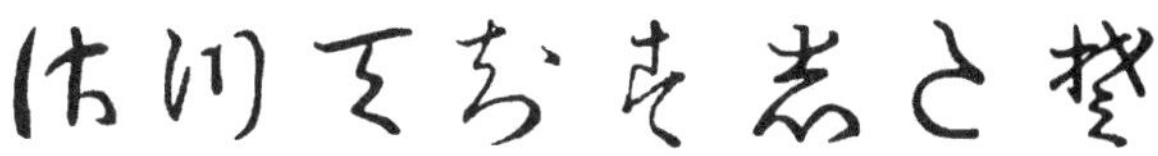

【ヒント2を解読】

解答と主なくずし字

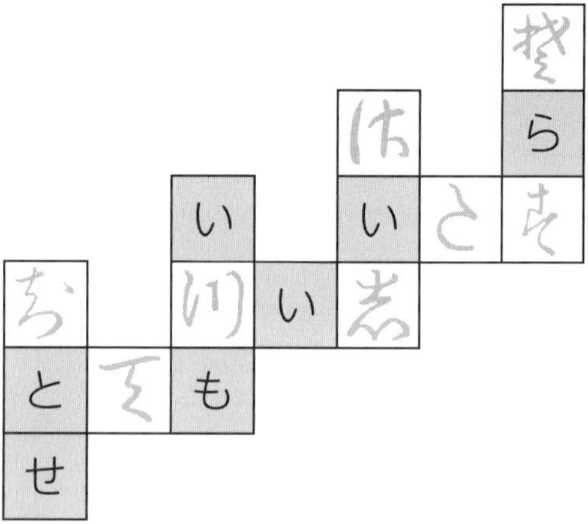

ら
い
い
い
と
も
せ

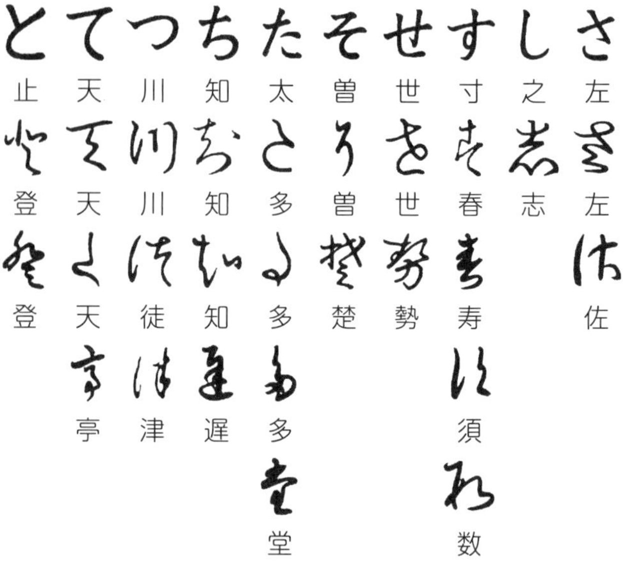

さ 左 左 佐
し 之 志
す 寸 春 寿 須 数
せ 世 世 勢
そ 曽 曽 楚
た 太 多 多 多 堂
ち 知 知 知 遅
つ 川 川 徒 津
て 天 天 天 亭
と 止 登 登

言葉つながり問題③

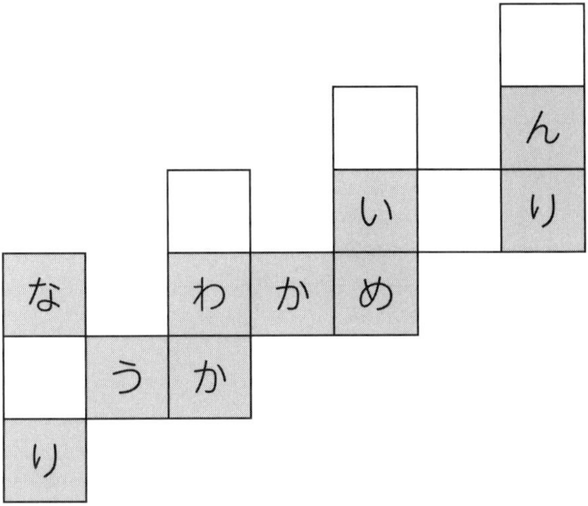

▶ヒント1
次のひらがなが使われています。

な に ぬ ね の

▶ヒント2
次のくずし字が□に入ります。

【ヒント2を解読】

解答と主なくずし字

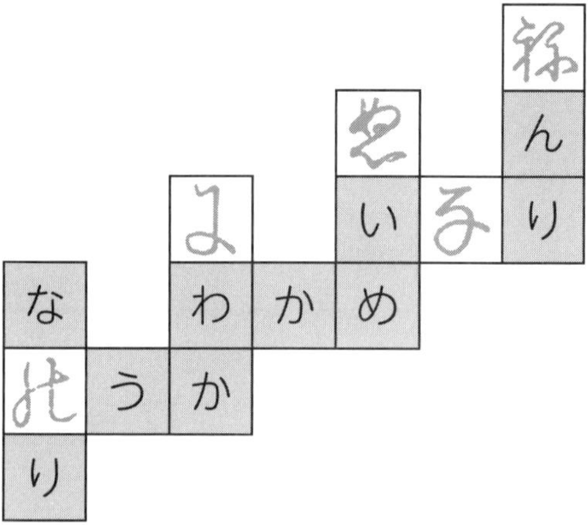

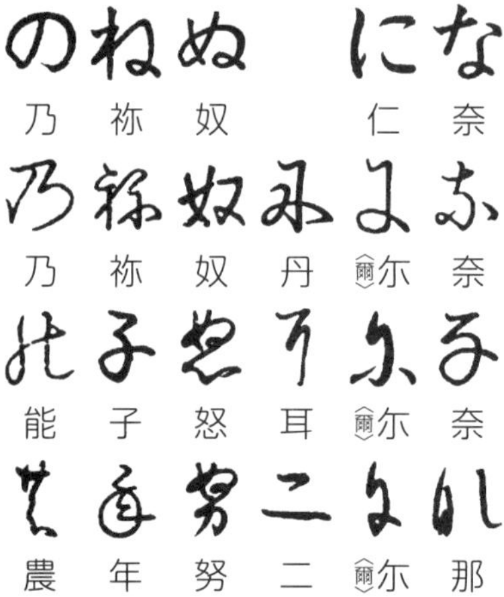

※尓は爾の俗字

言葉つながり問題④

						か
				う	す	い
		さ	い	き		
	こ	み				
い						

▶ヒント1
次のひらがなが使われています。

は ひ ふ へ ほ

▶ヒント2
次のくずし字が□に入ります。

【ヒント2を解読】

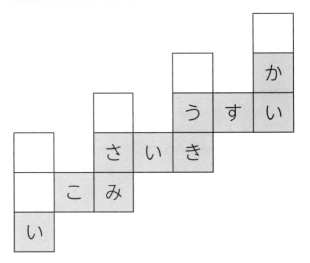

解答と主なくずし字

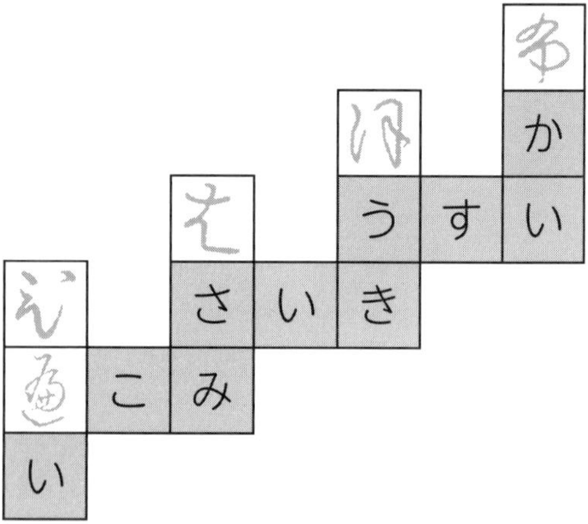

言葉つながり問題⑤

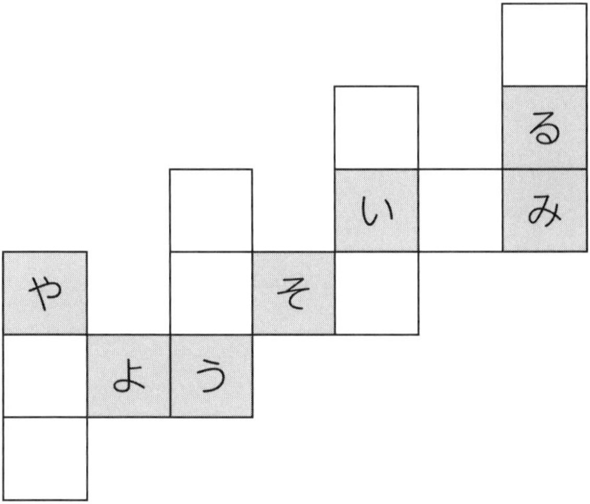

▶ヒント1

次のひらがなが使われています。

ま み む め も や ゆ よ

▶ヒント2

次のくずし字が□に入ります。

【ヒント2を解読】

解答と主なくずし字

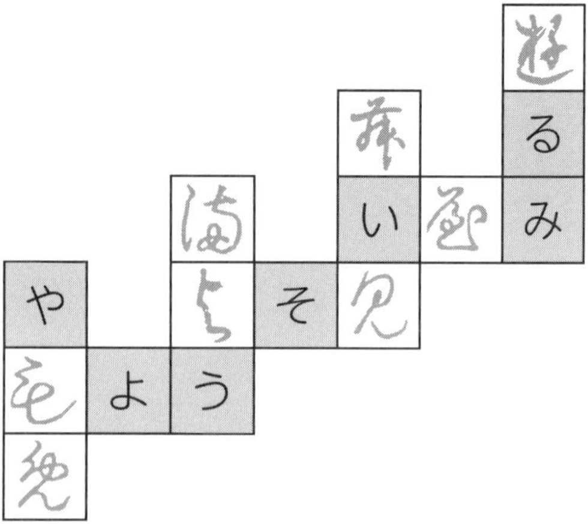
る
い
み
や
そ
よ
う

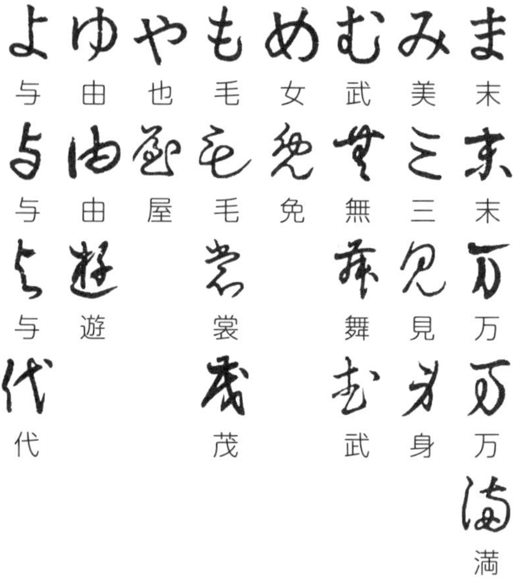
よ ゆ や も め む み ま
与 由 也 毛 女 武 美 末
与 由 屋 毛 免 無 三 末
与 遊 裳 舞 見 万
代 茂 武 身 万
満

言葉つながり問題⑥

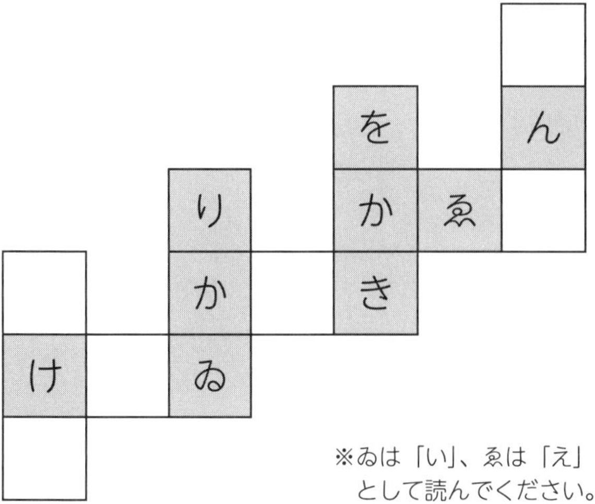

※ゐは「い」、ゑは「え」
として読んでください。

▶ヒント1

次のひらがなの中から**6つ**使われています。

ら り る れ ろ わ ゐ ゑ を ん

▶ヒント2

次のくずし字が□に入ります。

【ヒント2を解読】

解答と主なくずし字

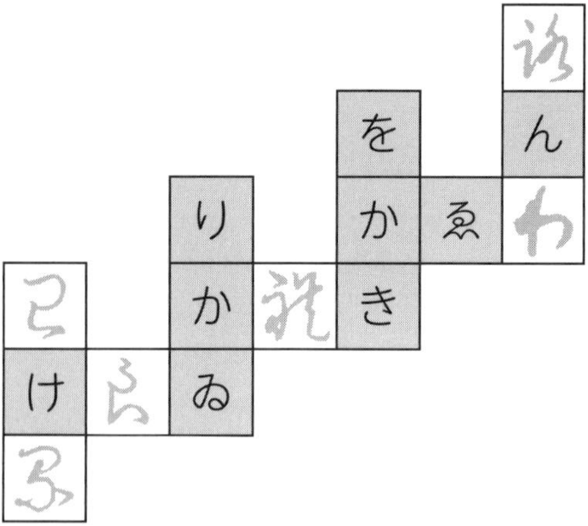

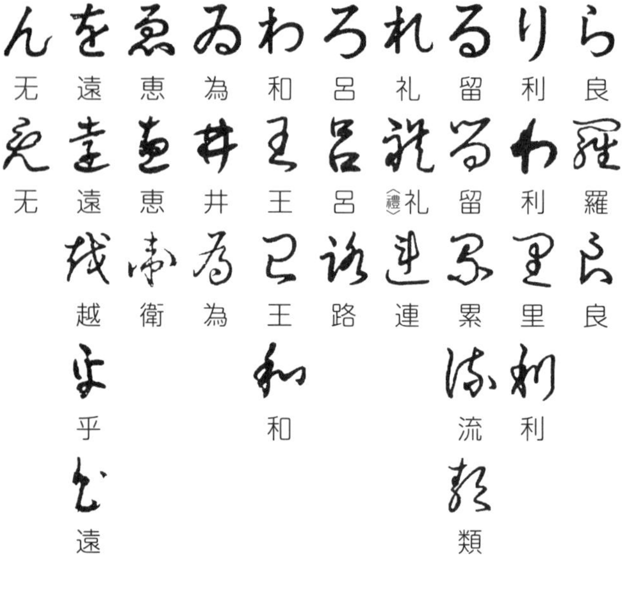

ん	を	ゑ	ゐ	わ	ろ	れ	る	り	ら
无	遠	恵	為	和	呂	礼	留	利	良
无	遠	恵	井	王	呂	〈禮〉礼	留	利	羅
	越	衛	為	王	路	連	累	里	良
	乎			和			流	利	
	遠						類		

一般教養問題

ここでは、体の名前にはじまり、歴史上の人物・都道府県名・旧国名・元号などをクイズ形式で答える問題を作成しました。

ひらがなの「変体仮名」を材料にした問題になっていますので、「変体仮名」をマスターしていないと歯が立ちません。

ポイントは、くずし字を現代ひらがなにしてから考えることです。わからないくずし字が出てきたら、「言葉つながり問題」の「あ行」から「わ行」の変体仮名一覧でさがしてみてください。

一般教養問題① 体の名前

右下の囲いの中にあるひらがなのくずし字を使って、□を埋めてください。すると使わないくずし字が２字ありますので、それで言葉を作ってください。

〈　　の部位〉

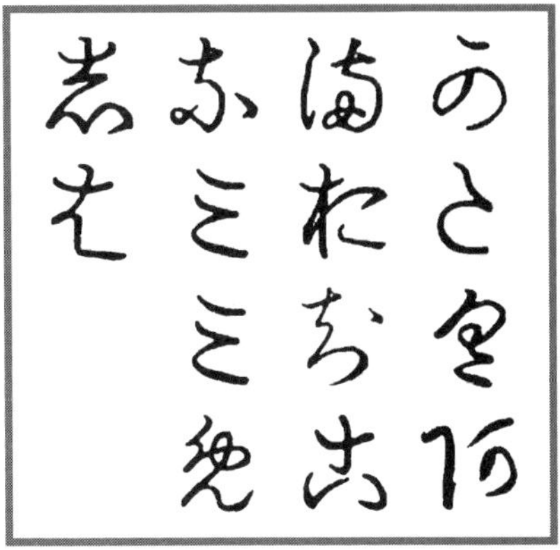

残った文字で言葉をつくろう！

（　　）

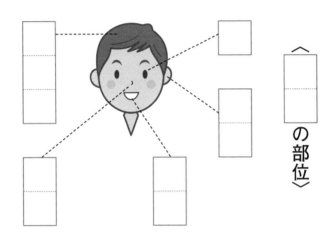

解　答

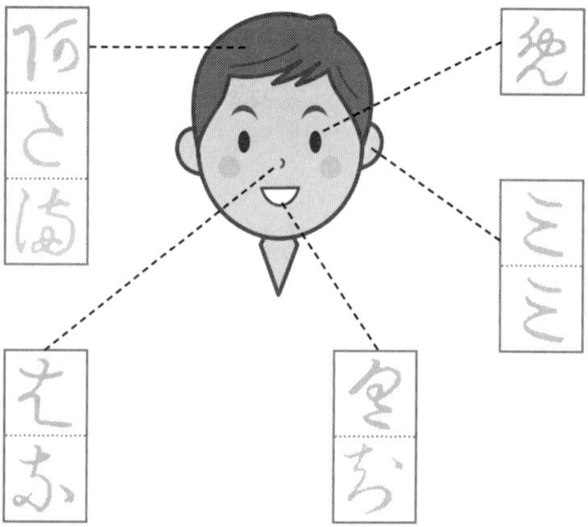

〈〉の部位

残った文字

（こし）

字母の確認

可　満　奈　志

多　於　三　者

具　知　三

阿　古　免

一般教養問題② 歴史上の人物1

つぎのくずし字は、歴史上の人物の名前をひらがなにして、順番をかえたものです。まず「→」の枠に現代ひらがなを書き、「＝」の枠で並べ替えてみてください。▶ヒント　僧の名前です。

(1) 

→

＝

(2) 

→

＝

(3) 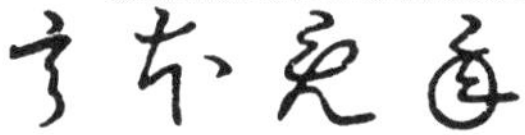

→

＝

(4) 

→

＝

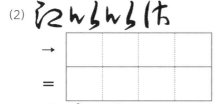

解　答

(1) → **ういかく**

= **くうかい（空海）**

(774~835 年) 真言宗の開祖。

(2) → **えいいさ**

= **えいさい（栄西）**

(1141~1215 年) 臨済宗の開祖。

(3) → **うほんね**

= **ほうねん（法然）**

(1133~1212 年) 浄土宗の開祖。

(4) → **んんらし**

= **しんらん（親鸞）**

(1173~1263 年) 浄土真宗の開祖。

一般教養問題③　歴史上の人物２

つぎのくずし字は、歴史上の人物の名前をひらがなにして、順番をかえたものです。まず現代ひらがなに直してから並べ替えてみてください。

(1) 

→

＝

(2) 

→

＝

(3) 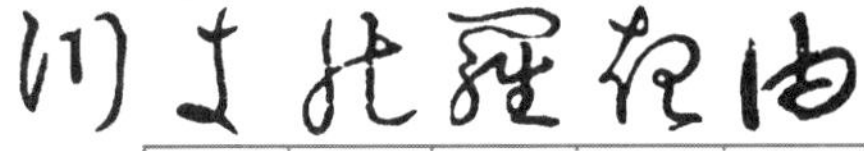

→

＝

(4) 

→

＝

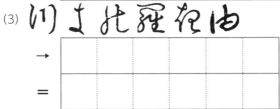

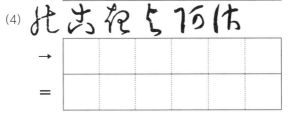

解　答

(1) → **のこのいもお**

= **おののいもこ（小野妹子）**

（生没年不詳）飛鳥時代、遣隋使として派遣される。

(2) → **なけいすおい**

= **いいなおすけ（井伊直弼）**

（1815～60年）幕末の大老。
安政の大獄を主導。桜田門外の変で落命。

(3) → **つきのらきゆ**

= **きのつらゆき（紀貫之）**

（？～945年）平安時代の歌人。
土佐日記の作者。

(4) → **のこきよあさ**

= **よさのあきこ（与謝野晶子）**

（1878～1942年）明治時代の歌人・作家。

一般教養問題④　歴史上の人物 3

つぎのくずし字は、歴史上の人物の名前をひらがなにして、順番をかえたものです。まず現代ひらがなに直してから並べ替えてみてください。

(1) 

→

＝

(2) 

→

＝

(3) 

→

＝

(4) 

→

＝

(5) 

→

＝

解答

(1) → うしあくまさろ

＝ あまくさしろう（天草四郎）

（1622年頃～1638年）島原・天草で起きた一揆の中心者。

(2) → さはらいいかく

＝ いはらさいかく（井原西鶴）

（1642～93年）江戸前期の俳諧者、浮世草子の作者。

(3) → いくわらみもと

＝ いわくらともみ（岩倉具視）

（1825～83年）幕末の公家出身の政治家。明治新政府で中心的役割を果たす。

(4) → らきいくあはせ

＝ あらいはくせき（新井白石）

（1657～1725年）江戸時代の儒学者・政治家。正徳の治を主導。

(5) → のんんうむてか

＝ かんむてんのう（桓武天皇）

（737～806年）平安時代最初の天皇。

一般教養問題⑤　歴史上の人物４

つぎのくずし字は、歴史上の人物の名前をひらがなにして、順番をかえたものです。まず現代ひらがなに直してから並べ替えてみてください。

(1)  ＋ ざ

→							ざ
＝			ざ				

(2)  ＋ だ

→							だ
＝			だ				

(3)  ＋ ず　だ

→						ず	だ
＝		ず			だ		

(4)  ＋ ぶ

→							ぶ
＝						ぶ	

(5) 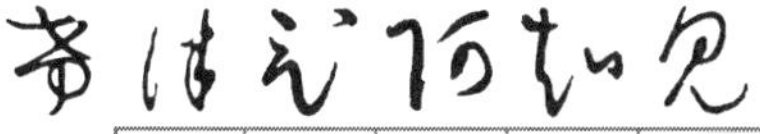 ＋ で

→							で
＝							で

解　答

(1) → **ちくわふきゆざ**

= **ふくざわゆきち（福沢諭吉）**

（1834 年～ 1901 年）明治時代の思想家。慶應大学の創立者。

(2) → **なつりいみしだ**

= **いしだみつなり（石田三成）**

（1560 ～ 1600 年）豊臣秀吉の家臣。関ケ原の戦いで徳川家康に敗れる。

(3) → **のにみくたずだ**

= **みずのただくに（水野忠邦）**

（1794 ～ 1851 年）江戸後期の老中。天保の改革を主導する。

(4) → **ひうといみろぶ**

= **いとうひろぶみ（伊藤博文）**

（1841 ～ 1909 年）初代内閣総理大臣。

(5) → **けつひあちみで**

= **あけちみつひで（明智光秀）**

（？～ 1582 年）主君・織田信長を本能寺の変で討つ。

一般教養問題⑥　都道府県名１

（1）から（4）には都道府県の名前が並んでいます。下の囲いの中にあるひらがなのくずし字を表に書き入れて完成させてください。

(1)		お		
(2)		い		
(3)		く		
(4)		ら		

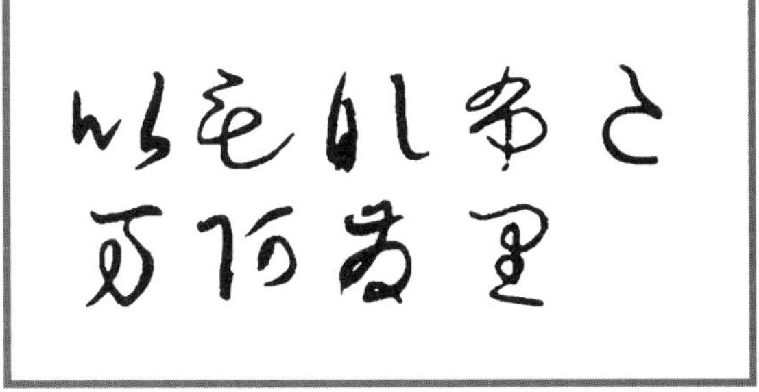

解 答

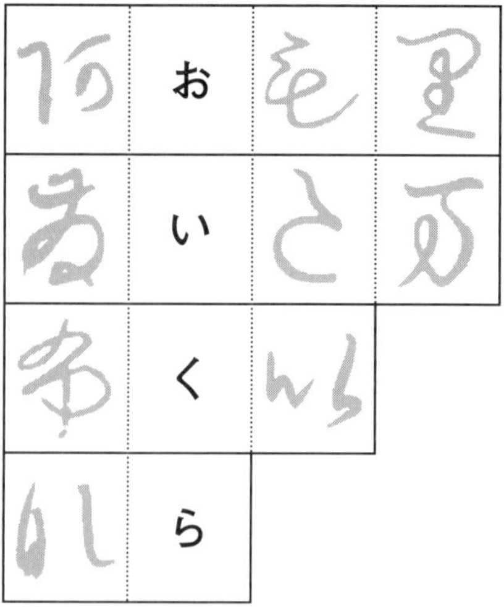

(1)	青森
(2)	埼玉
(3)	福井
(4)	奈良

▶字母の確認

(1)	阿	お	毛	里
(2)	散	い	多	万
(3)	布	く	以	
(4)	那	ら		

一般教養問題⑦　都道府県名２

（1）から（5）には都道府県の名前が並んでいます。下の囲いの中にあるひらがなのくずし字を表に書き入れて完成させてください。なお、同じくずし字が複数使われていることもあります。

(1)
(2)
(3)
(4)
(5)

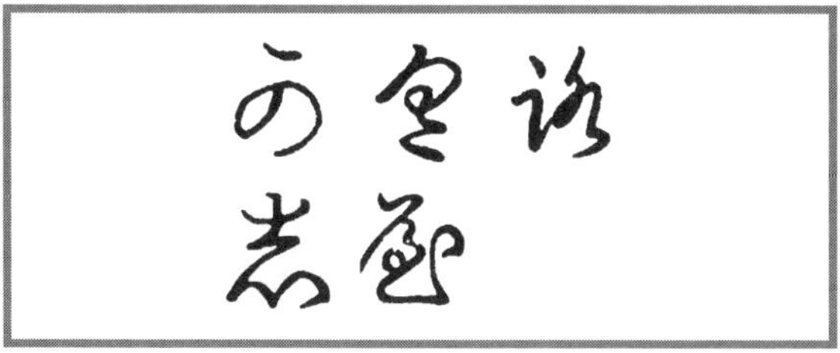

解　答

(1) 岡山

(2) 福島

(3) 徳島

(4) 広島

(5) 和歌山

▶字母の確認

(1)	於	可	屋	満
(2)	布	具	志	満
(3)	登	具	志	満
(4)	飛	路	志	満
(5)	王	可	屋	満

一般教養問題⑧　都道府県名3

(1) から (7) には都道府県の名前が並んでいます。下の囲いの中にあるひらがなのくずし字を表に書き入れて完成させてください。なお、同じくずし字が複数使われていることもあります。

(1)			い	
(2)			ま	
(3)			も	
(4)	こ			
(5)			た	
(6)	え			
(7)			て	

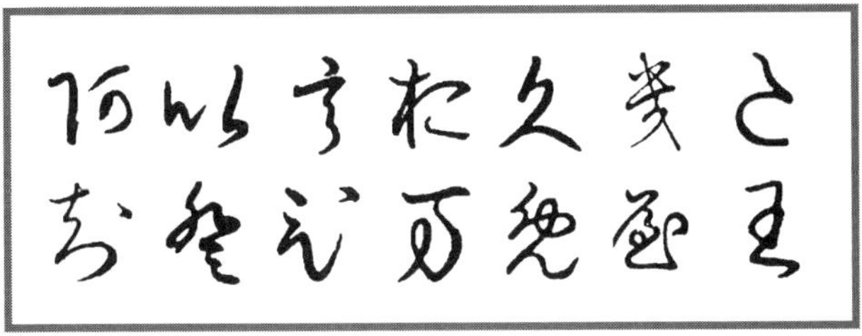

解　答

(1)			い		大分
(2)			ま		富山
(3)			も		熊本
(4)	こ				高知
(5)			た		秋田
(6)	え				愛媛
(7)			て		岩手

▶字母の確認

(1)	於	於	い	多
(2)	登	屋	ま	
(3)	久	万	も	登
(4)	こ	宇	知	
(5)	阿	幾	た	
(6)	え	飛	免	
(7)	以	王	て	

一般教養問題⑨　県庁所在地

（1）から（7）には県庁所在地の都市が並んでいます。下の囲いの中にあるひらがなのくずし字を表に書き入れて完成させてください。なお、同じくずし字が複数使われていることもあります。

(1)	み				
(2)	た				
(3)	ま				
(4)	ま				
(5)	よ				
(6)	も				
(7)	う				

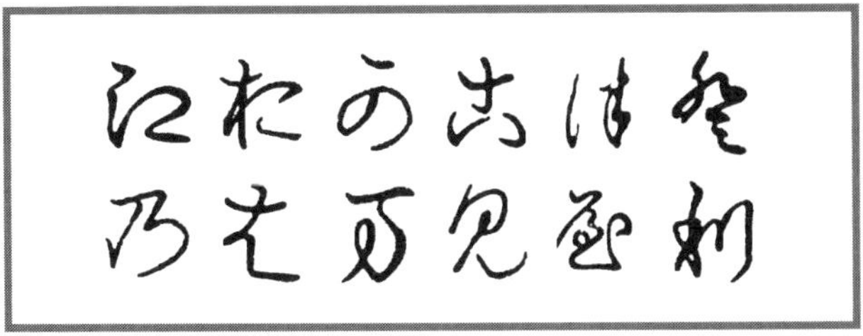

解　答

(1)	み		水戸
(2)	た		高松
(3)	ま	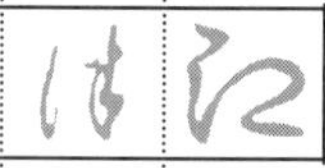	松江
(4)	ま		松山
(5)	よ		横浜
(6)	も		盛岡
(7)	う		宇都宮

▶字母の確認

(1)	み	登				みと
(2)	た	可	万	津		たかまつ
(3)	ま	津	江			まつえ
(4)	ま	津	屋	万		まつやま
(5)	よ	古	者	万		よこはま
(6)	も	利	於	可		もりおか
(7)	う	津	乃	見	屋	うつのみや

一般教養問題⑩　旧国名

（1）から（10）には昔の国の名前が並んでいます。まずは、くずし字の問題としてではなくヒントを手がかりにしてひらがなで書き入れてください。

					＜ヒント＞
(1)	や				奈良
(2)	さ				香川
(3)	し				長野
(4)	い				愛媛
(5)	と				高知
(6)		お			鹿児島
(7)		も			栃木
(8)		い			山梨
(9)		ま			岡山
(10)		す			山口

解　答

					<漢字表記>
(1)	や	ま	と		大和（奈良）
(2)	さ	ぬ	き		讃岐（香川）
(3)	し	な	の		信濃（長野）
(4)	い	よ			伊予（愛媛）
(5)	と	さ			土佐（高知）
(6)	お	お	す	み	大隅（鹿児島）
(7)	し	も	つ	け	下野（栃木）
(8)	か	い			甲斐（山梨）
(9)	み	ま	さ	か	美作（岡山）
(10)		す	お	う	周防（山口）

一般教養問題⑪　旧国名（くずし字版）

(1)	や			
(2)	さ			
(3)	し			
(4)	い			
(5)	と			
(6)		お		
(7)		も		
(8)		い		
(9)		ま		
(10)		す		

前の問題の答えのくずし字を、枠の中から探して□を埋めていくと、使わない字が２文字出てきます。その文字で言葉を作ってみましょう。

なお、同じくずし字が複数使われていることもあります。

残った文字で言葉をつくろう！

□□

（　　）

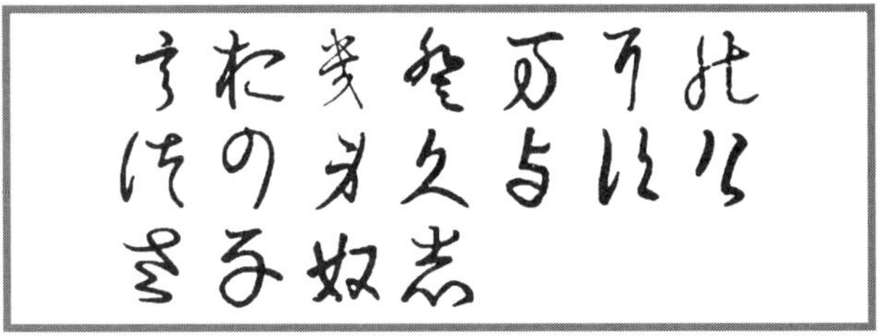

解　答

残った文字

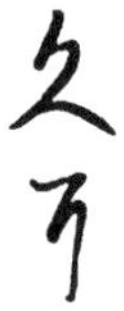

＝「くに（国）」または「にく（肉）」

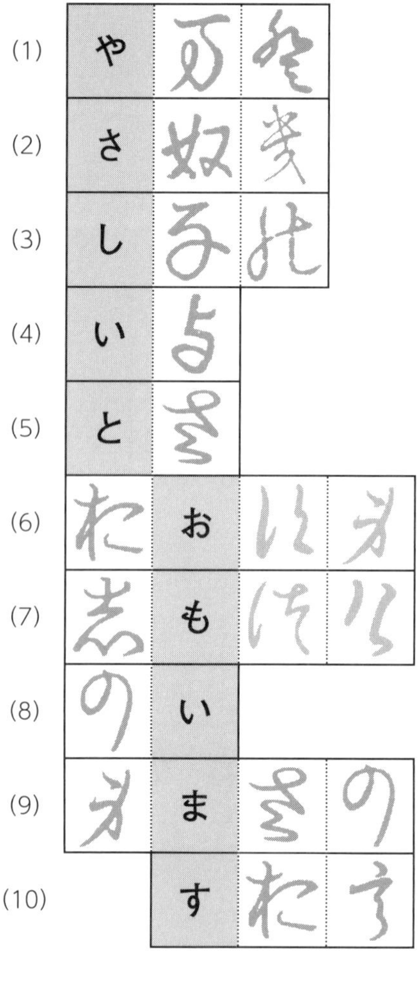
(1) や
(2) さ
(3) し
(4) い
(5) と
(6) お
(7) も
(8) い
(9) ま
(10) す

一般教養問題⑫　元号

（1）から（7）には元号名が並んでいます。下の囲いの中にあるひらがなのくずし字を使って、完成させてください。なお、同じくずし字が複数使われていることもあります。

							<ヒント>
(1)			へ				現代
(2)			い				律令
(3)			わ				今
(4)			な				変
(5)			せ				改革
(6)			か				改新
(7)			い				大学

解　答

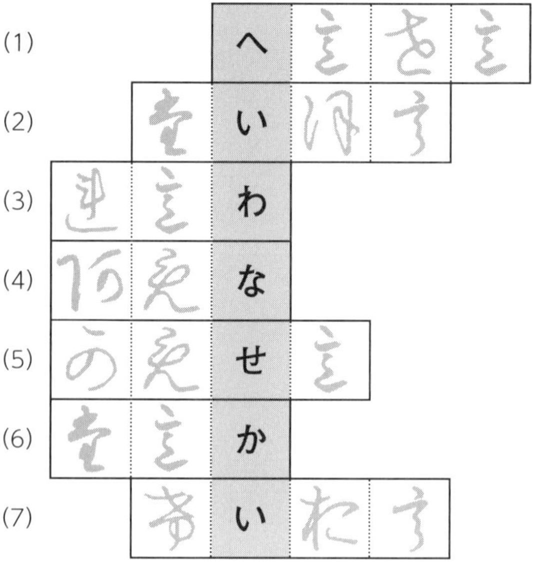

（1）へいせい（平成）

（2）たいほう（大宝）

（3）れいわ（令和）

（4）あんな（安和）

（5）かんせい（寛政）

（6）たいか（大化）

（7）けいおう（慶応）

四字熟語問題

ここでは、ひらがなのくずし字を順番に読んでいけば、聞いたことのある「四字熟語」が浮かび上がってきます。

まず「→」の欄でくずし字を現代ひらがなに直し、「＝」の欄で四字熟語を漢字にしてみましょう。

問題を解く中で、変体仮名がすらすら読めるようになっているかどうかを確認してください。

四字熟語問題①

(1) あ 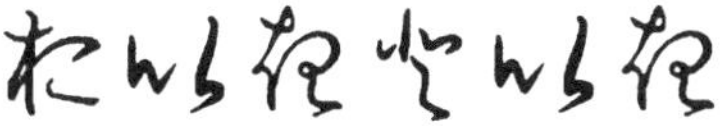

→（　あ　　　　　　　　　　　　）

＝（　　　　　　　　　　　　　　）

(2) い 

→（　い　　　　　　　　　　　　）

＝（　　　　　　　　　　　　　　）

(3) う 

→（　う　　　　　　　　　　　　）

＝（　　　　　　　　　　　　　　）

(4) え 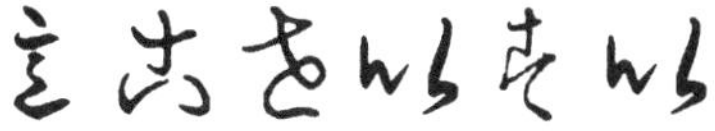

→（　え　　　　　　　　　　　　）

＝（　　　　　　　　　　　　　　）

(5) お 

→（　お　　　　　　　　　　　　）

＝（　　　　　　　　　　　　　　）

解　答

(1) あ 

→ あおいきといき

＝ 青息吐息

(2) い 

→ いちようらいふく

＝ 一陽来復

(3) う 

→ うおうさおう

＝ 右往左往

(4) え 

→ えいこせいすい

＝ 栄枯盛衰

(5) お 

→ おんこちしん

＝ 温故知新

四字熟語問題②

(1) か 

→（　か　　　　　　　　　　　）

＝（　　　　　　　　　　　　　）

(2) き 

→（　き　　　　　　　　　　　）

＝（　　　　　　　　　　　　　）

(3) く 

→（　く　　　　　　　　　　　）

＝（　　　　　　　　　　　　　）

(4) け 

→（　け　　　　　　　　　　　）

＝（　　　　　　　　　　　　　）

(5) こ 

→（　こ　　　　　　　　　　　）

＝（　　　　　　　　　　　　　）

解　答

(1) か 

→ かんこんそうさい

＝ 冠婚葬祭

(2) き 

→ きしかいせい

＝ 起死回生

(3) く 

→ くうりくうろん

＝ 空理空論

(4) け 

→ けいせいさいみん

＝ 経世済民

(5) こ 

→ こうへいむし

＝ 公平無私

四字熟語問題③

(1) さ 

→（　さ　　　　　　　　　　　　　）

＝（　　　　　　　　　　　　　　　）

(2) し 

→（　し　　　　　　　　　　　　　）

＝（　　　　　　　　　　　　　　　）

(3) す 

→（　す　　　　　　　　　　　　　）

＝（　　　　　　　　　　　　　　　）

(4) せ 

→（　せ　　　　　　　　　　　　　）

＝（　　　　　　　　　　　　　　　）

(5) そ 

→（　そ　　　　　　　　　　　　　）

＝（　　　　　　　　　　　　　　　）

解　答

(1) さ 

→ さいきふのう

＝ 再起不能

(2) し 

→ しめんそか

＝ 四面楚歌

(3) す 

→ すいへいしこう

＝ 水平思考

(4) せ 

→ せいしんせいい

＝ 誠心誠意

(5) そ 

→ そういくふう

＝ 創意工夫

四字熟語問題④

(1) た

→（　た　）

＝（　）

(2) ち

→（　ち　）

＝（　）

(3) つ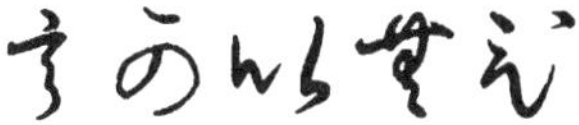

→（　つ　）

＝（　）

(4) て

→（　て　）

＝（　）

(5) と

→（　と　）

＝（　）

解　答

(1) た 

→ たいせいほうかん

＝ 大政奉還

(2) ち 

→ ちえさいかく

＝ 知恵才覚

(3) つ 

→ つうかいむひ

＝ 痛快無比

(4) て 

→ てんいむほう

＝ 天衣無縫

(5) と 

→ とうほんせいそう

＝ 東奔西走

四字熟語問題⑤

(1) な 

→ (　な　)

= (　)

(2) な 

→ (　な　)

= (　)

(3) に 

→ (　に　)

= (　)

(4) に 

→ (　に　)

= (　)

(5) ね 

→ (　ね　)

= (　)

→ なんとほくれい

= 南都北嶺

(2) な 〔手書き文字〕

→ なんこうふらく

= 難攻不落

(3) に 〔手書き文字〕

→ にりつはいはん

= 二律背反

(4) に 〔手書き文字〕

→ にそくさんもん

= 二束三文

(5) ね 〔手書き文字〕

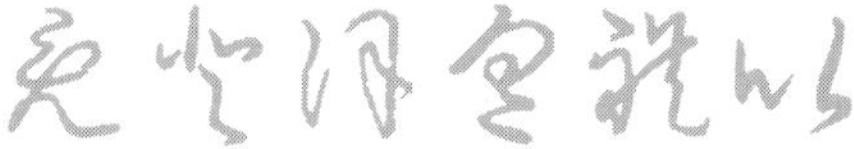

→ ねんねんさいさい

= 年年歳歳

四字熟語問題⑥

(1) は 𛀁志𛀁𛂦𛀂

→ (　は　　　　　　　　　　)

= (　　　　　　　　　　　)

(2) ひ の𛄝𛀁𛃱𛀅

→ (　ひ　　　　　　　　　　)

= (　　　　　　　　　　　)

(3) ふ 𛀂𛁛𛁠𛀆志𛀂

→ (　ふ　　　　　　　　　　)

= (　　　　　　　　　　　)

(4) へ ん𛁛𛀅の𛀂の𛀁

→ (　へ　　　　　　　　　　)

= (　　　　　　　　　　　)

(5) ほ 𛀅𛂦𛀂𛁾𛀂𛀆𛀁

→ (　ほ　　　　　　　　　　)

= (　　　　　　　　　　　)

解　答

(1)　は 

→　はくしいにん

＝　白紙委任

(2)　ひ 

→　ひからくよう

＝　飛花落葉

(3)　ふ 

→　ふんこつさいしん

＝　粉骨砕身

(4)　へ 

→　へいこうかんかく

＝　平衡感覚

(5)　ほ 

→　ほうねんまんさく

＝　豊年満作

四字熟語問題⑦

(1) ま 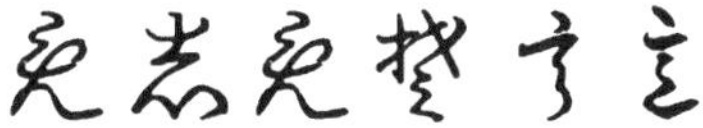

→（　ま　　　　　　　　　　）

＝（　　　　　　　　痍　　）

(2) み （  は小字に）

→（　み　　　　　　　　　　）

＝（　　　　　　　　　　　　）

(3) む 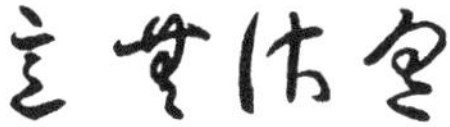

→（　む　　　　　　　　　　）

＝（　　　　　　　　　　　　）

(4) め 

→（　め　　　　　　　　　　）

＝（　　　　　　　　　　　　）

(5) も 

→（　も　　　　　　　　　　）

＝（　　　　　　　　　　　　）

→ まんしんそうい

= 満身創痍

(2) み 〔手書き文字〕

→ みっかてんか

= 三日天下

(3) む 〔手書き文字〕

→ むいむさく

= 無為無策

(4) め 〔手書き文字〕

→ めいめいはくはく

= 明明白白

(5) も 〔手書き文字〕

→ ものみゆさん

= 物見遊山

四字熟語問題⑧

(1) ゆ 

→（　ゆ　　　　　　　　　　）

＝（　　　　　　　　　　　　）

(2) ゆ 

→（　ゆ　　　　　　　　　　）

＝（　　　　　　　　　　　　）

(3) よ 

→（　よ　　　　　　　　　　）

＝（　　　　　　　　　　　　）

(4) よ 

→（　よ　　　　　　　　　　）

＝（　　　　　　　　　　　　）

(5) り 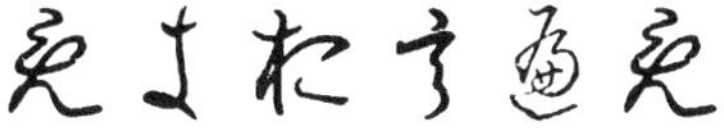

→（　り　　　　　　　　　　）

＝（　　　　　　　　　　　　）

解　答

(1) ゆ 

→ ゆうきりんりん

＝ 勇気凛々

(2) ゆ 

→ ゆうもうかかん

＝ 勇猛果敢

(3) よ 

→ ようしたんれい

＝ 容姿端麗

(4) よ 

→ ようとうくにく

＝ 羊頭狗肉

(5) り 

→ りんきおうへん

＝ 臨機応変

四字熟語問題⑨

(1) り 

→（　り　　　　　　　　　　　）

＝（　　　　　　　　　　　　　）

(2) り 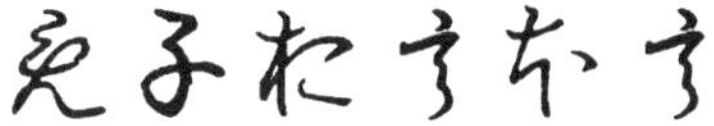

→（　り　　　　　　　　　　　）

＝（　　　　　　　　　　　　　）

(3) れ 

→（　れ　　　　　　　　　　　）

＝（　　　　　　　　　　　　　）

(4) ろ 

→（　ろ　　　　　　　　　　　）

＝（　　　　　　　　　　　　　）

(5) わ 

→（　わ　　　　　　　　　　　）

＝（　　　　　　　　　　　　　）

解　答

(1) り 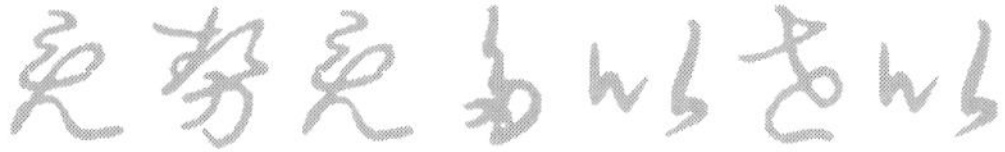

→ りんせんたいせい

＝ 臨戦態勢

(2) り 

→ りんねおうほう

＝ 輪廻応報

(3) れ 

→ れんたいせきにん

＝ 連帯責任

(4) ろ 

→ ろんしめいかい

＝ 論旨明快

(5) わ 

→ わこんようさい

＝ 和魂洋才

II

漢字編

三　文字熟語問題

ここからは、漢字のくずし字を学習していきます。まず読めること、さらに書けることをめざしてください。「書ければ読める」という段階にまで達すれば、古文書解読力は飛躍的に伸びていきます。

まずは三つの三文字の熟語を、文字を組み合わせて作っていく問題です。この問題では、九つのくずし字を常用漢字にした後、三文字ずつ組み合わせて答えをだしていきます。

解答のページには、覚えておきたい漢字のくずし字を練習するスペースも設けてありますので、書きながらしっかり身につけていきましょう。

三文字熟語問題例題

まず❶で９字のくずし字を常用漢字にして右の表に書き入れてください。次にこの９字を並べかえて、三つの三文字の熟語を作り、❷の (1) ～ (3) を完成させてください。なお、(1) ～ (3) にある最初のひらがなは、三文字熟語の最初の読みを表しています。

❶くずし字の解読

❷三文字の熟語

(1)	い			
(2)	だ			
(3)	や			

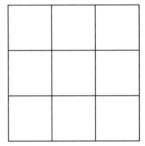

三文字熟語問題例題解答

❶解読と三文字の熟語

代	大	前
夫	一	千
八	丈	人

(1) 一人前《いちにんまえ》

(2) 大《だい》丈《じょう》夫《ぶ》

(3) 八《や》千《ち》代《よ》

❷覚えておきたい漢字のくずし

千	夫	丈	前

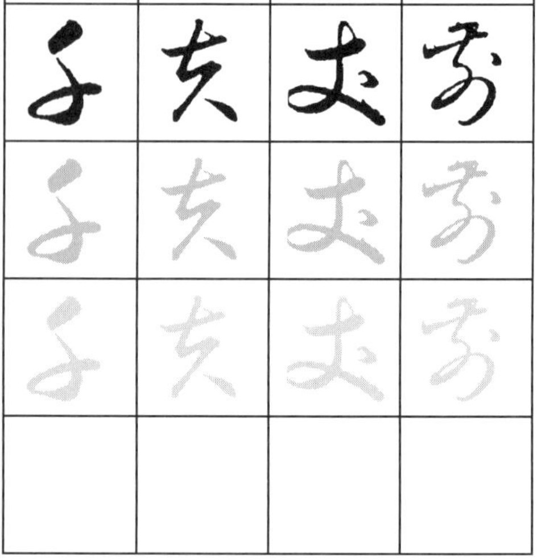

三文字熟語問題①

まず❶で９字のくずし字を常用漢字にして右の表に書き入れてください。次にこの９字を並べ替えて、三つの三文字の熟語を作り、❷の (1) ～ (3) を完成させてください。

❶くずし字の解読

❷三文字の熟語

(1)	あ			
(2)	い			
(3)	う			

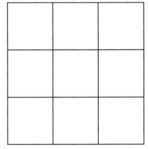

解　答

❶解読と三文字の熟語

者	天	合
葉	為	頂
有	言	政

(1) 合《あい》言《こと》葉《ば》

(2) 為《い》政《せい》者《しゃ》

(3) 有《う》頂《ちょう》天《てん》

❷覚えておきたい漢字のくずし

有	言	葉	頂

三文字熟語問題②

まず❶で９字のくずし字を常用漢字にして右の表に書き入れてください。次にこの９字を並べ替えて、三つの三文字の熟語を作り、❷の (1) ～ (3) を完成させてください。

❶くずし字の解読

❷三文字の熟語

(1)	か			
(2)	き			
(3)	こ			

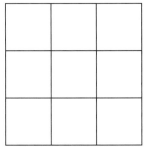

解　答

❶解読と三文字の熟語

護	既	際
保	権	輪
金	過	得

(1) 過保護《かほご》

(2) 既得権《きとくけん》

(3) 金輪際《こんりんざい》

❷覚えておきたい漢字のくずし

際	輪	既	過

三文字熟語問題③

まず❶で９字のくずし字を常用漢字にして右の表に書き入れてください。次にこの９字を並べ替えて、三つの三文字の熟語を作り、❷の (1) ～ (3) を完成させてください。

❶くずし字の解読

❷三文字の熟語

(1)　さ

(2)　し

(3)　せ

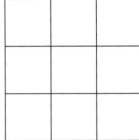

解　答

❶解読と三文字の熟語

真	殺	先
風	入	骨
頂	観	景

(1) 殺風景《さっぷうけい》

(2) 真骨頂《しんこっちょう》

(3) 先入観《せんにゅうかん》

❷覚えておきたい漢字のくずし

観	真	景	殺

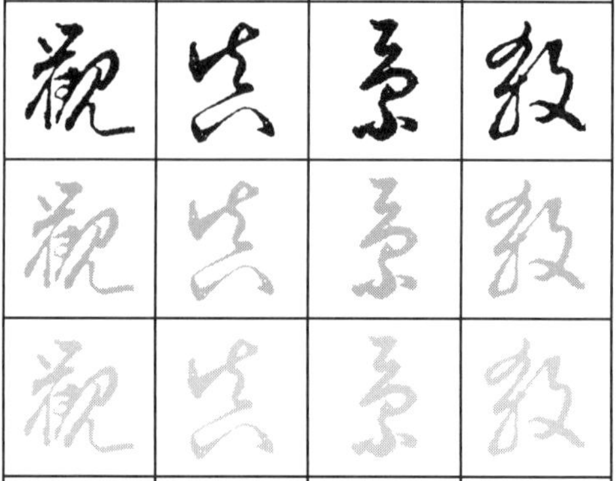

三文字熟語問題④

まず❶で９字のくずし字を常用漢字にして右の表に書き入れてください。次にこの９字を並べ替えて、三つの三文字の熟語を作り、❷の (1) ～ (3) を完成させてください。

❶くずし字の解読

❷三文字の熟語

(1)	た			
(2)	ち			
(3)	て			

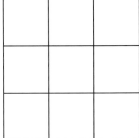

解　答

❶解読と三文字の熟語

決	地	山
動	王	多
天	数	説

(1) 多《た》数《すう》決《けつ》

(2) 地《ち》動《どう》説《せつ》

(3) 天《てん》王《のう》山《ざん》

❷覚えておきたい漢字のくずし

説	決	数	多

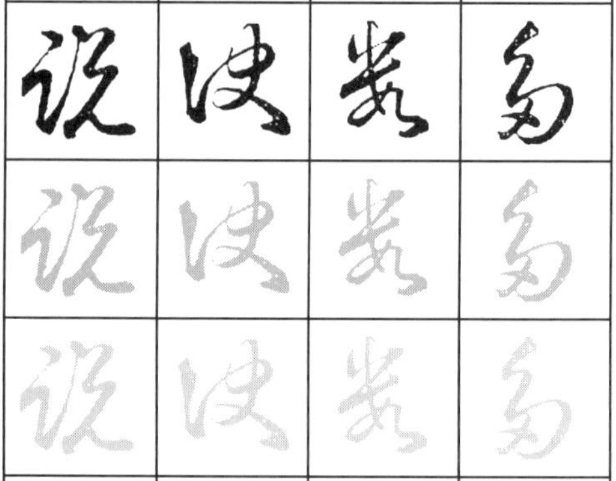

三文字熟語問題⑤

まず❶で９字のくずし字を常用漢字にして右の表に書き入れてください。次にこの９字を並べ替えて、三つの三文字の熟語を作り、❷の (1) ～ (3) を完成させてください。

❶くずし字の解読

❷三文字の熟語

(1)　な

(2)　に

(3)　の

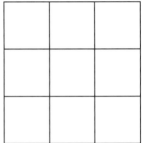

解　答

❶解読と三文字の熟語

半	舌	生
能	気	枚
可	二	天

(1) 生《なま》半《はん》可《か》

(2) 二《に》枚《まい》舌《じた》

(3) 能《のう》天《てん》気《き》

❷覚えておきたい漢字のくずし

〈注〉「氣」は「気」の旧字です。

気	能	舌	半

三文字熟語問題⑥

まず❶で９字のくずし字を常用漢字にして右の表に書き入れてください。次にこの９字を並べ替えて、三つの三文字の熟語を作り、❷の (1) ～ (3) を完成させてください。

❶くずし字の解読

❷三文字の熟語

(1)	は			
(2)	ひ			
(3)	ふ			

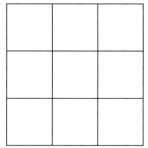

解答

❶解読と三文字の熟語

例	和	思
議	比	日
見	反	不

(1) 反比例《はんぴれい》

(2) 日和見《ひよりみ》

(3) 不思議《ふしぎ》

❷覚えておきたい漢字のくずし

議	思	不	例

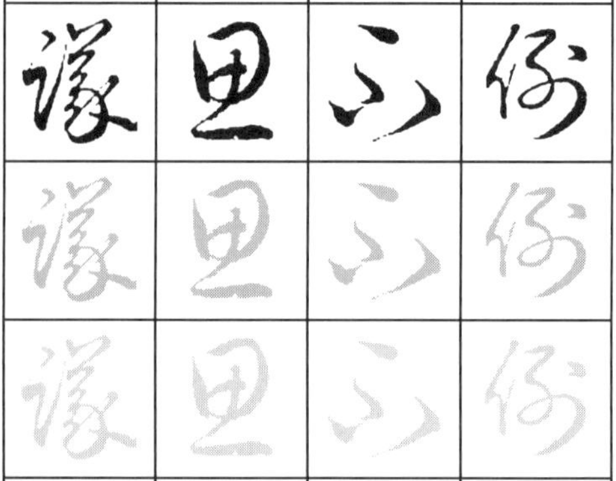

三文字熟語問題⑦

まず❶で９字のくずし字を常用漢字にして右の表に書き入れてください。次にこの９字を並べ替えて、三つの三文字の熟語を作り、❷の (1) ～ (3) を完成させてください。

❶くずし字の解読

❷三文字の熟語

(1)	ま			
(2)	み			
(3)	む			

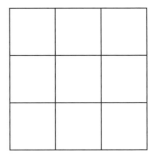

解　答

❶解読と三文字の熟語

質	面	昔
半	真	行
目	三	気

(1) 真面目《まじめ》

(2) 三行半《みくだりはん》

(3) 昔気質《むかしかたぎ》

❷覚えておきたい漢字のくずし

質	昔	行	目

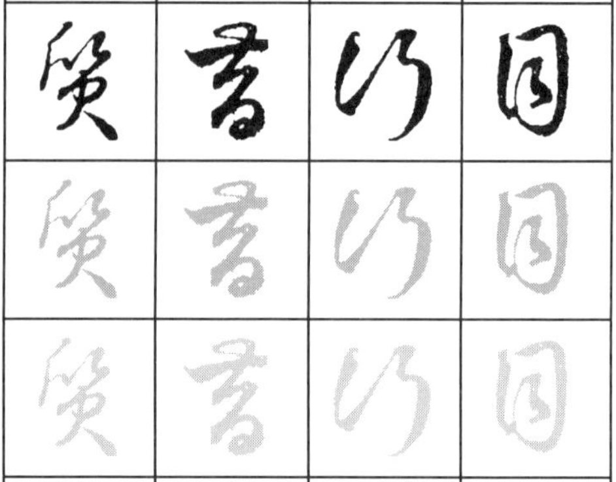

三文字熟語問題⑧

まず❶で９字のくずし字を常用漢字にして右の表に書き入れてください。次にこの９字を並べ替えて、三つの三文字の熟語を作り、❷の (1) ～ (3) を完成させてください。

❶くずし字の解読

❷三文字の熟語

(1)	や		
(2)	ゆ		
(3)	り		

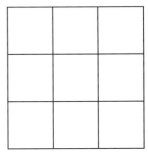

解　答

❶解読と三文字の熟語

地	両	極
野	夢	馬
端	次	心

(1) 野次馬《やじうま》

(2) 夢心地《ゆめごこち》

(3) 両極端《りょうきょくたん》

❷覚えておきたい漢字のくずし

極	両	馬	次

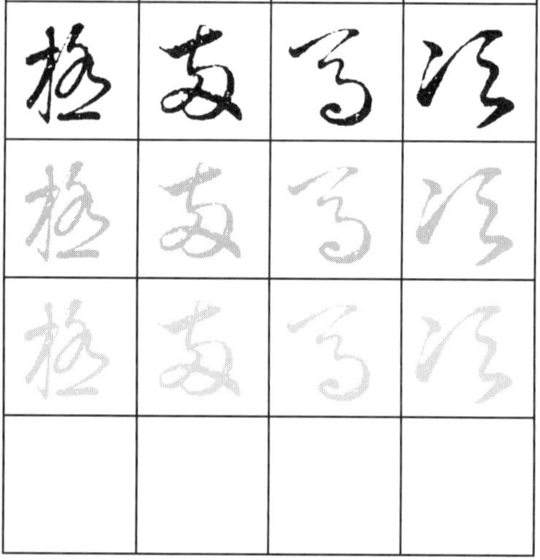

三文字熟語問題⑨

まず❶で９字のくずし字を常用漢字にして右の表に書き入れてください。次にこの９字を並べ替えて、三つの三文字の熟語を作り、❷の (1) ～ (3) を完成させてください。

❶くずし字の解読

❷三文字の熟語

(1)	が			
(2)	ご			
(3)	じ			

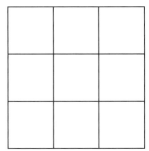

解　答

❶解読と三文字の熟語

我	通	談
多	神	日
後	楽	力

(1) 我楽多《がらくた》

(2) 後日談《ごじつだん》

(3) 神通力《じんつうりき》

❷覚えておきたい漢字のくずし

神	後	楽	我

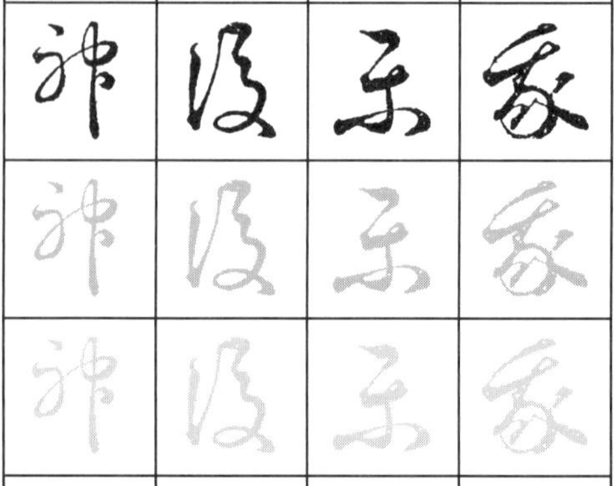

三文字熟語問題⑩

まず❶で９字のくずし字を常用漢字にして右の表に書き入れてください。次にこの９字を並べ替えて、三つの三文字の熟語を作り、❷の (1) ～ (3) を完成させてください。

❶くずし字の解読

❷三文字の熟語

(1)	ご			
(2)	じ			
(3)	ぶ			

解答

❶解読と三文字の熟語

道	士	談
算	御	武
直	破	判

(1) 御破算《ごはさん》

(2) 直談判《じかだんぱん》

(3) 武士道《ぶしどう》

❷覚えておきたい漢字のくずし

道	武	判	談

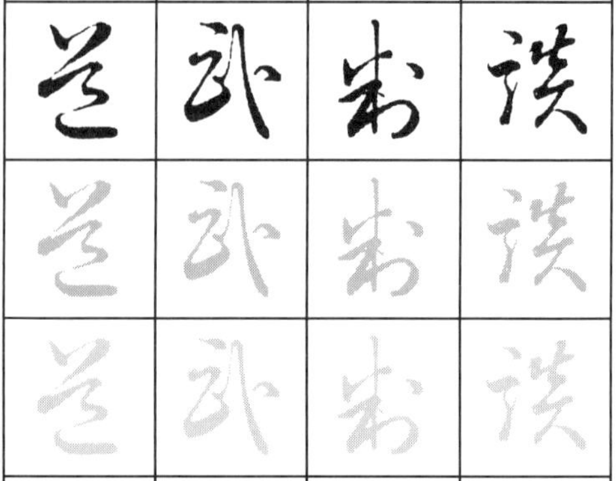

虫食い問題

次は、漢字の二字熟語を材料に作成した問題となります。まずは漢字のくずし字を解読できないと太刀打ちできません。漢字能力も試される問題ですが、枠の中のくずし字をヒントに、正解を導き出してください。

これを三題解いたあとは、答えの三文字を組み合わせて三文字熟語を完成させます。

解答のページには、覚えておきたい漢字のくずし字を練習するスペースも設けてありますので、書きながらしっかり身につけていきましょう。

虫食い問題例題

(1) ～ (3) に入るくずし字を枠の中から選び、答えをつなげて三字の言葉を完成させましょう。

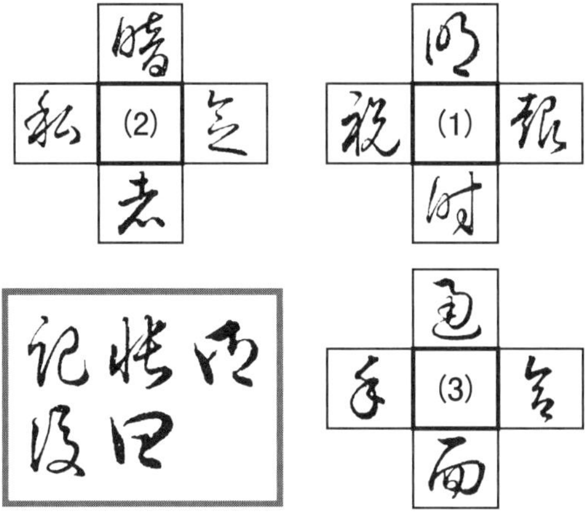

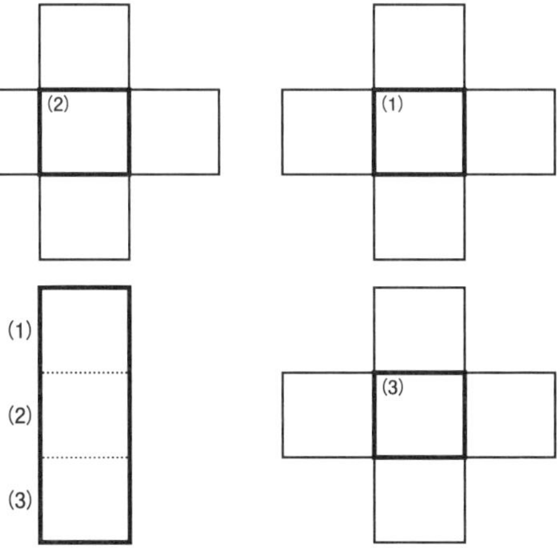

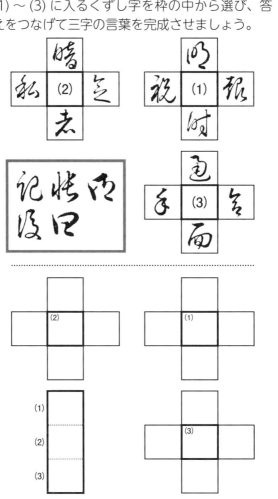

虫食い問題例題の解答とポイント

使わなかったヒントのくずし字

＝後

＝御

	暗	
私	(2) 記	念
	者	

	明	
祝	(1) 日	報
	時	

(1)	日
(2)	記
(3)	帳

	通	
手	(3) 帳	合
	面	

〈注〉「時」は異体字でつくりは「寸」です。

〈解き方のポイント〉

まず、(1) の、明□・祝□・□報・□時の□に共通する漢字を見つけます。明日・祝日・日報・日時となるので「日」を (1) に入れます。

(2)・(3) も同様に当てはまる漢字を探していき、(2) が「記」、(3) が「帳」であることがわかれば、(1) ～ (3) の漢字をつなげて「日記帳」という言葉が浮かびあがってきます。

くずし字もあわせて確認しておきましょう。

虫食い問題①

(1)～(3)に入るくずし字を枠の中から選び、答えをつなげて三字の言葉を完成させましょう。

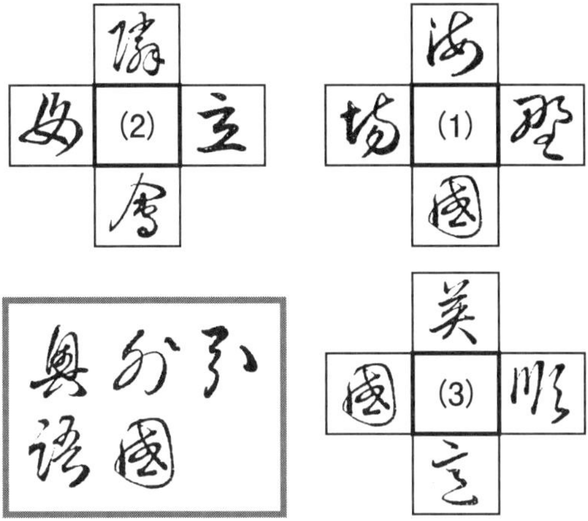

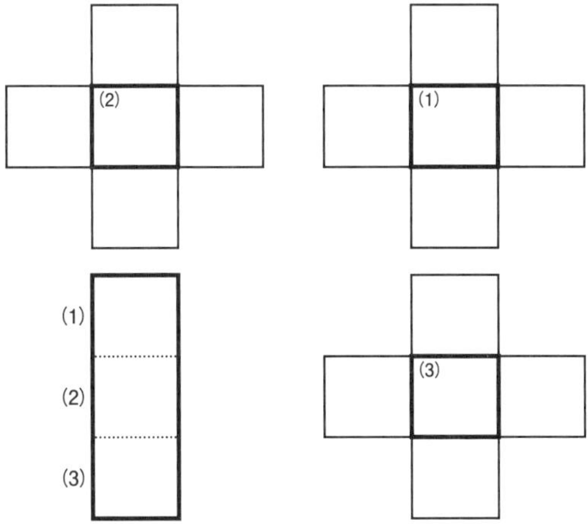

解　答

	海	
場	(1) 外	野
	国	

	隣	
母	(2) 国	立
	会	

	英	
国	(3) 語	順
	意	

(1) 外
(2) 国
(3) 語

使わなかったヒントのくずし字

＝奥

＝引

〈注〉「國」は「国」の、「會」は「会」の旧字です。

【覚えておきたいくずし】

意	順	場	海

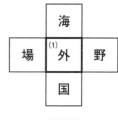

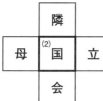

虫食い問題②

(1)～(3)に入るくずし字を枠の中から選び、答えをつなげて三字の言葉を完成させましょう。

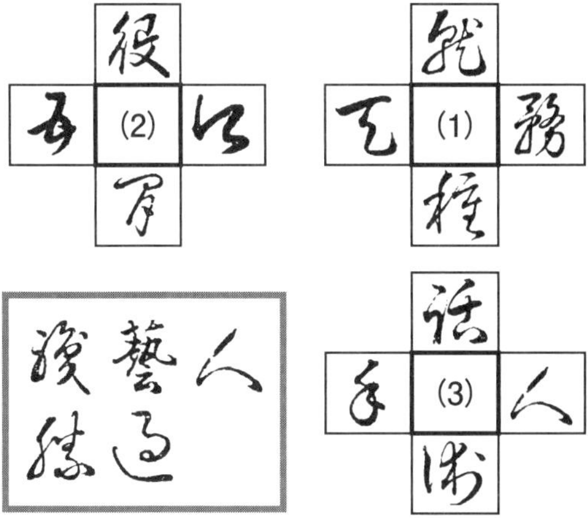

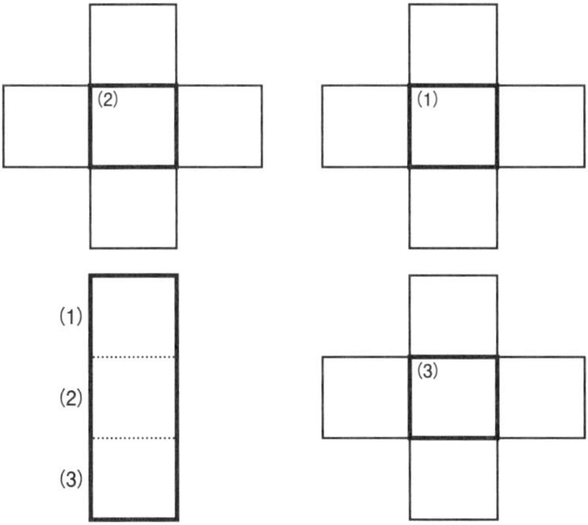

解　答

	就	
天	(1)職	務
	種	

	役	
五	(2)人	口
	間	

	話	
手	(3)芸	人
	術	

(1)	職
(2)	人
(3)	芸

使わなかったヒントのくずし字  ＝過  ＝勝

〈注〉「藝」は「芸」の旧字です。

【覚えておきたいくずし】

職	術	種	就

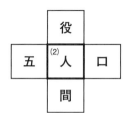

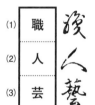

虫食い問題③

(1) ～ (3) に入るくずし字を枠の中から選び、答えをつなげて三字の言葉を完成させましょう。

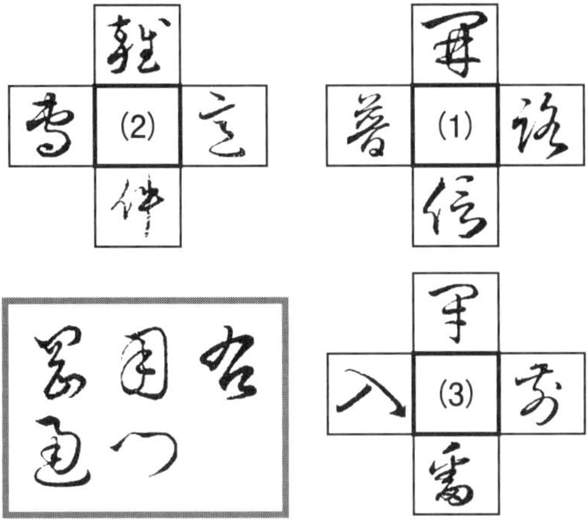

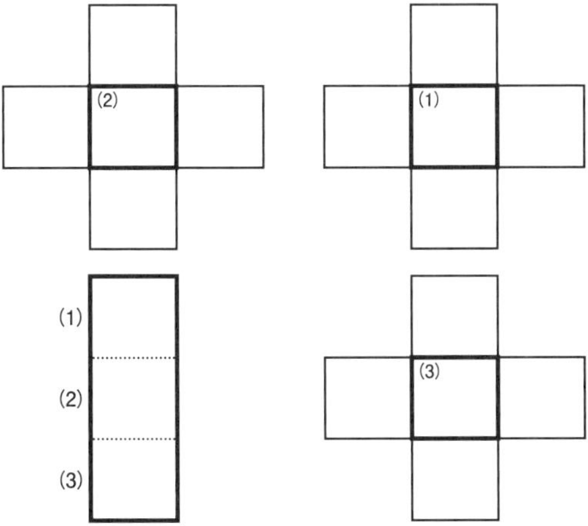

解　答

	雑	
専	(2)用	意
	件	

	開	
普	(1)通	路
	信	

(1)	通
(2)	用
(3)	門

	閉	
入	(3)門	前
	番	

使わなかったヒントのくずし字

＝岡

＝右

【覚えておきたいくずし】

専	路	閉	開

虫食い問題④

(1)～(3)に入るくずし字を枠の中から選び、答えをつなげて三字の言葉を完成させましょう。

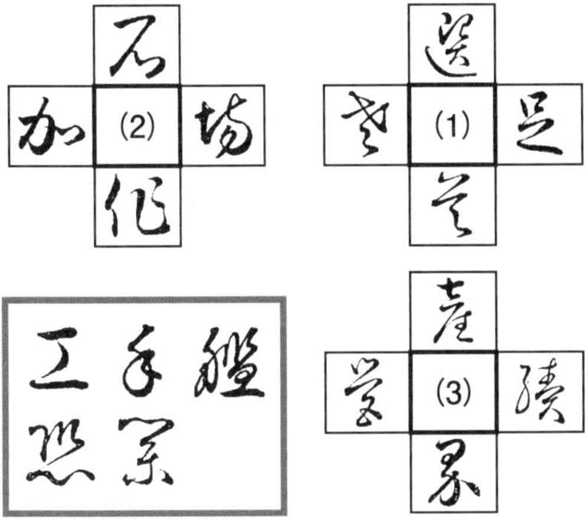

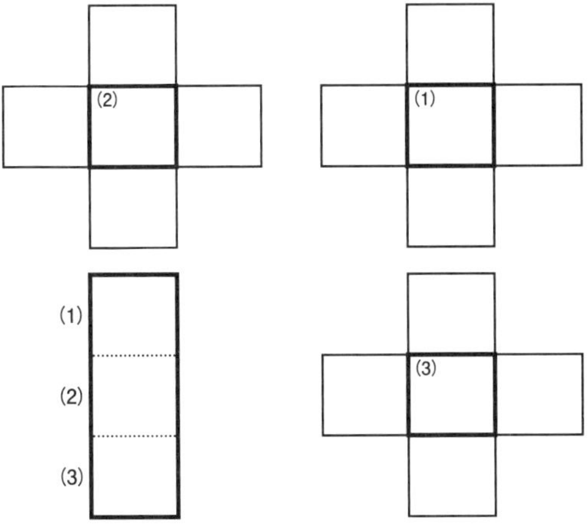

解答

	石	
加	(2) 工	場
	作	

	選	
左	(1) 手	足
	首	

(1)	手
(2)	工
(3)	業

	産	
営	(3) 業	績
	界	

使わなかったヒントのくずし字

＝恐

＝艦

【覚えておきたいくずし】

営	績	作	左

			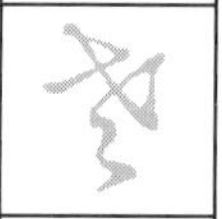

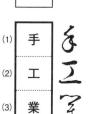

虫食い問題⑤

(1)～(3) に入るくずし字を枠の中から選び、答えをつなげて三字の言葉を完成させましょう。

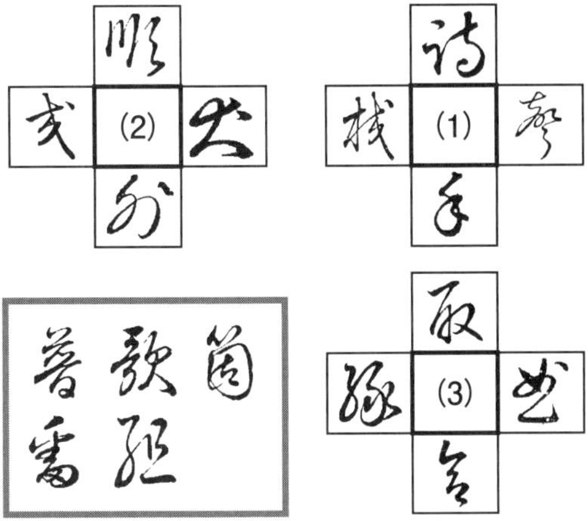

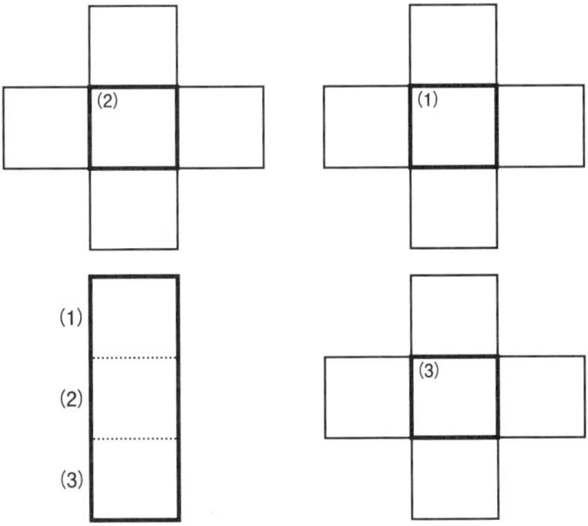

解答

	詩	
校	(1) 歌	声
	手	

	順	
交	(2) 番	犬
	外	

	取	
縁	(3) 組	曲
	合	

(1) 歌
(2) 番
(3) 組

使わなかったヒントのくずし字  ＝箇  ＝普

〈注〉「聲」は「声」の旧字です。

【覚えておきたいくずし】

番	外	交	校

虫食い問題⑥

(1)～(3) に入るくずし字を枠の中から選び、答えをつなげて三字の言葉を完成させましょう。

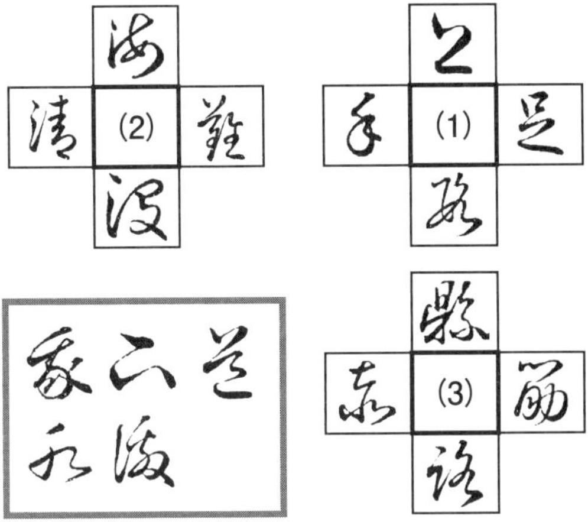

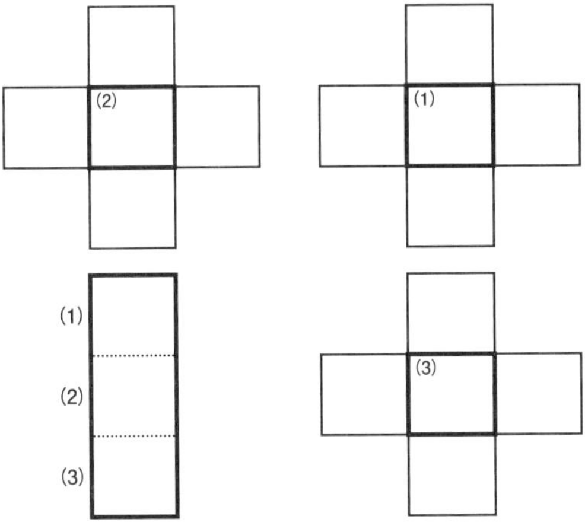

解　答

	上	
手	(1)下	足
	段	

	海	
清	(2)水	難
	没	

	県	
赤	(3)道	筋
	路	

(1) 下
(2) 水
(3) 道

使わなかったヒントのくずし字

＝我

＝激

〈注〉「縣」は「県」の旧字です。

【覚えておきたいくずし】

難	段	下	上

虫食い問題⑦

(1) ～ (3) に入るくずし字を枠の中から選び、答えをつなげて三字の言葉を完成させましょう。

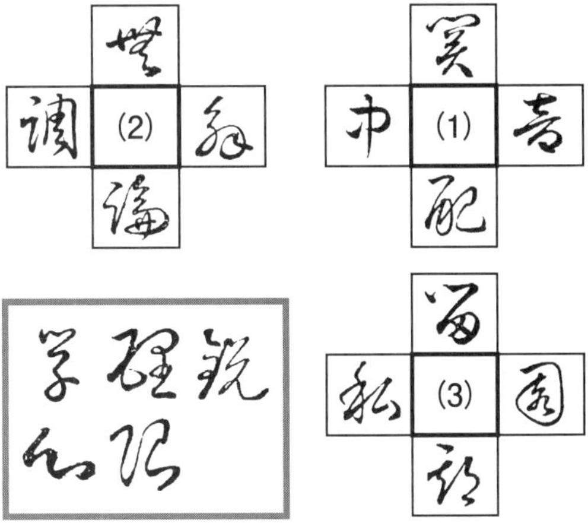

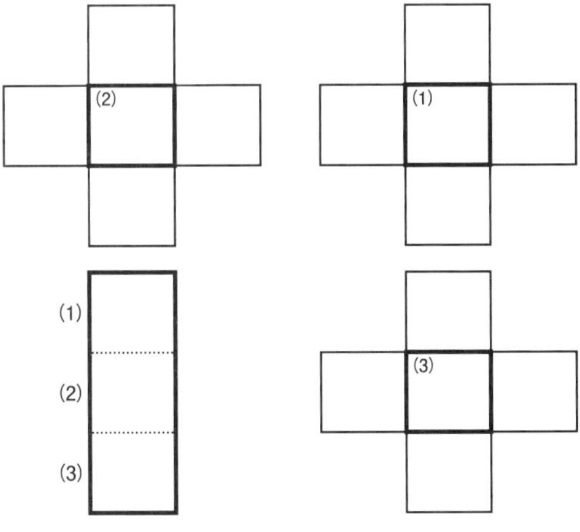

解　答

	関	
中	(1) 心	音
	配	

	無	
調	(2) 理	解
	論	

	留	
私	(3) 学	園
	期	

(1) 心
(2) 理
(3) 学

使わなかったヒントのくずし字

＝鋭

＝限

〈注〉「觧」は「解」の、「畄」は「留」の異体字です。

【覚えておきたいくずし】

期	論	解	音

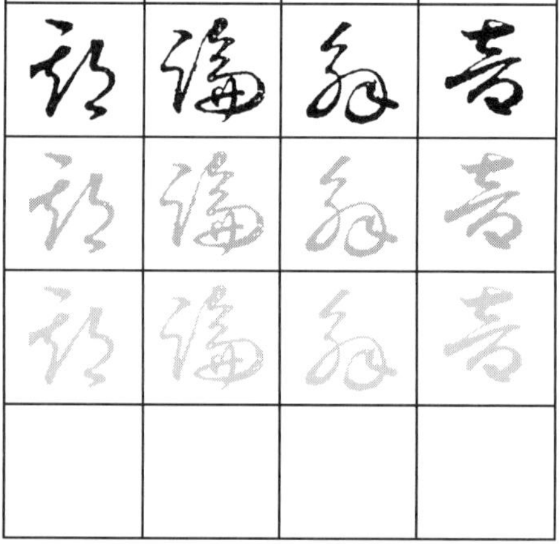

虫食い問題⑧

(1)～(3)に入るくずし字を枠の中から選び、答えをつなげて三字の言葉を完成させましょう。

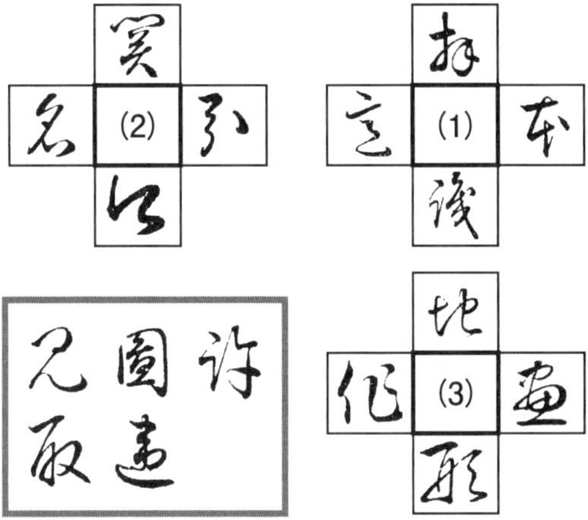

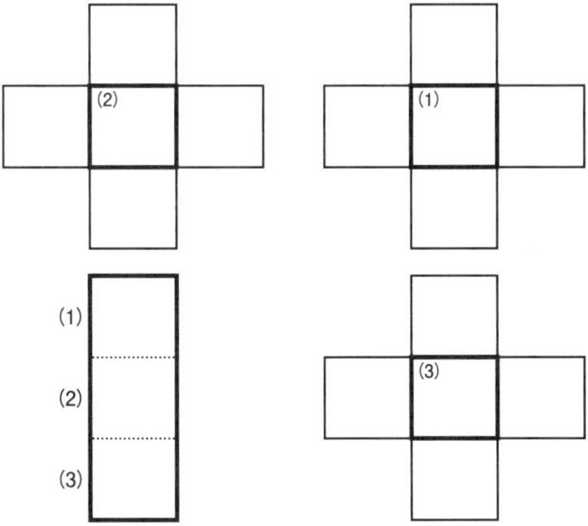

解　答

	拝	
意	(1)見	本
	識	

	関	
名	(2)取	引
	口	

	地	
作	(3)図	画
	形	

(1) 見
(2) 取
(3) 図

【覚えておきたいくずし】

引	識	拝	本

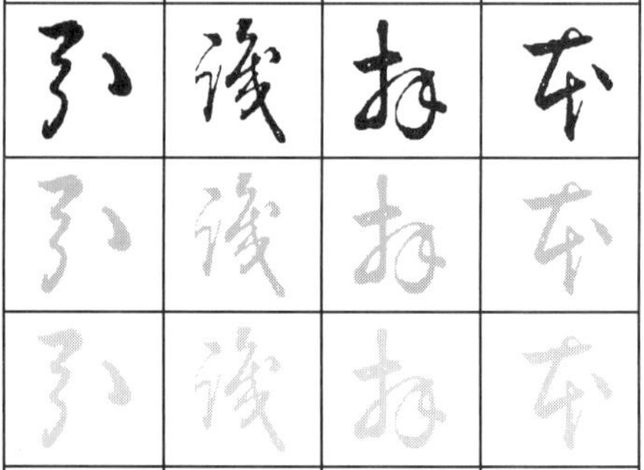

使わなかったヒントのくずし字

＝許

＝違

〈注〉「畫」は「画」の、「圖」は「図」の旧字です。

虫食い問題⑨

(1)～(3)に入るくずし字を枠の中から選び、答えをつなげて三字の言葉を完成させましょう。

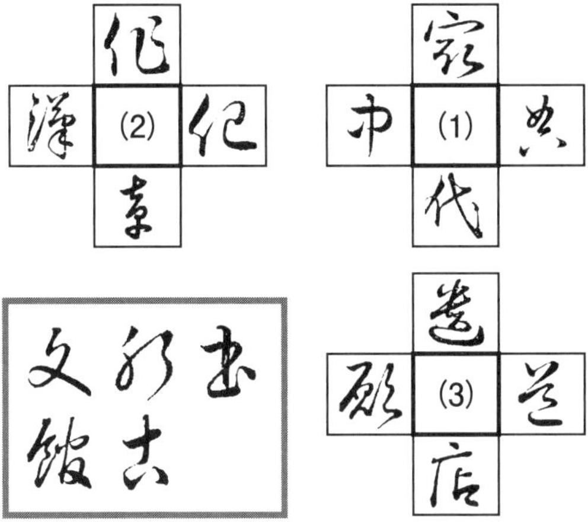

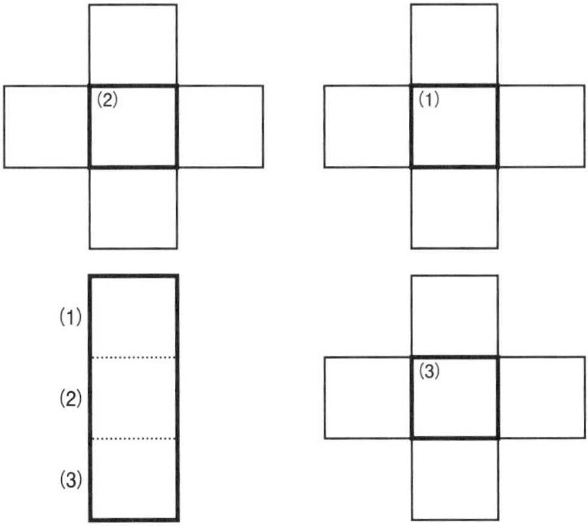

解答

最
中　(1)古　典
代

作
漢　(2)文　化
章

遺
願　(3)書　道
店

(1) 古
(2) 文
(3) 書

使わなかったヒントのくずし字

＝肝

＝館

〈注〉「冣」は「最」の異体字です。

【覚えておきたいくずし】

遺	漢	章	最

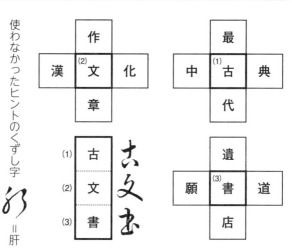

虫食い問題⑩

(1)～(3) に入るくずし字を枠の中から選び、答えをつなげて三字の言葉を完成させましょう。

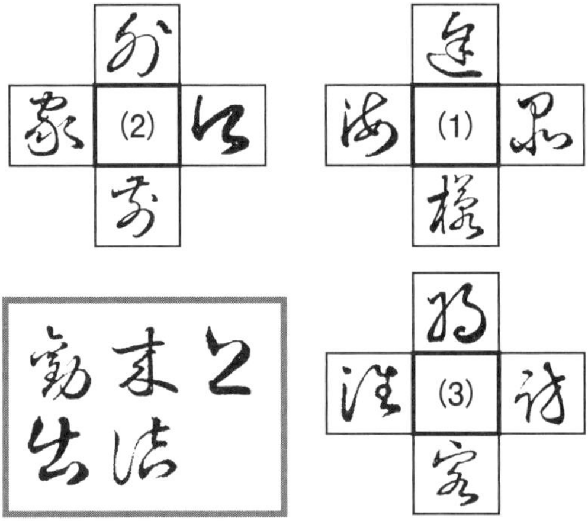

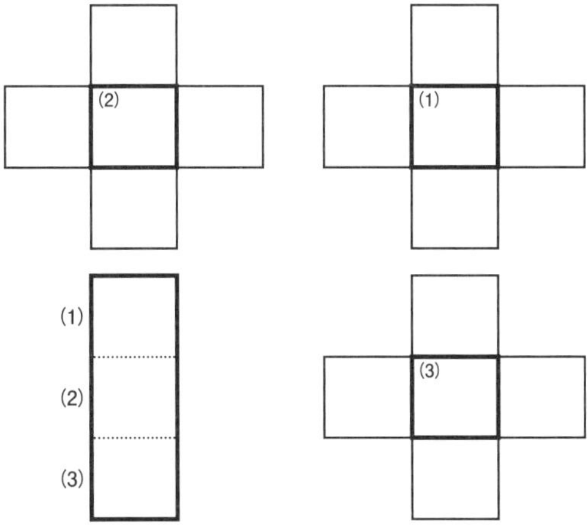

解答

	外	
家	(2) 出	口
	前	

	途	
海	(1) 上	品
	様	

(1)	上
(2)	出
(3)	来

	将	
往	(3) 来	訪
	客	

使わなかったヒントのくずし字

＝勧

＝詰

【覚えておきたいくずし】

来	客	品	途

虫食い問題⑪

(1)～(3) に入るくずし字を枠の中から選び、答えをつなげて三字の言葉を完成させましょう。

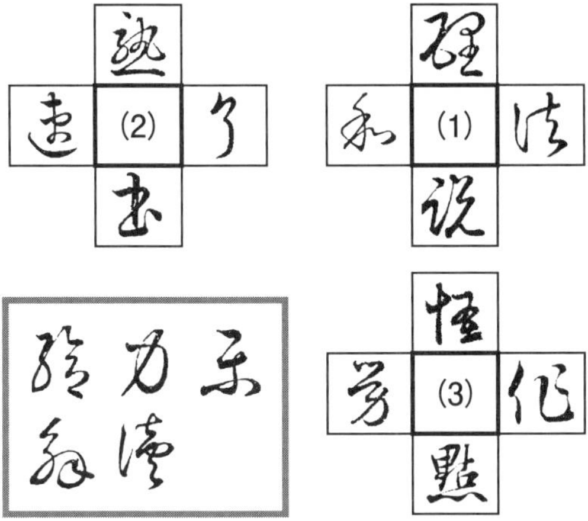

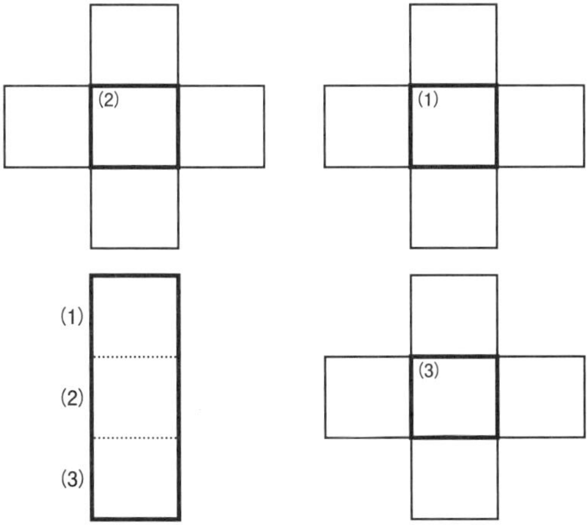

解答

	理	
和	(1)解	法
	説	

	熟	
速	(2)読	了
	書	

	怪	
労	(3)力	作
	点	

(1) 解
(2) 読
(3) 力

【覚えておきたいくずし】

解	作	書	熟

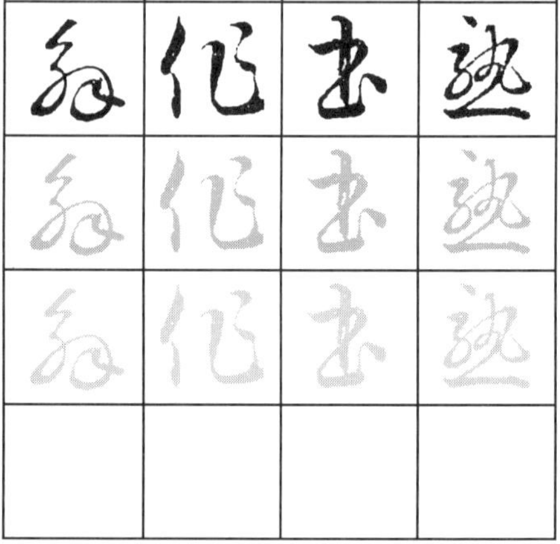

使わなかったヒントのくずし字

＝給

＝楽

〈注〉「讀」は「読」の、「點」は「点」の旧字です。「觧」は「解」の異体字です。

虫食い問題⑫

(1) ～ (3) に入るくずし字を枠の中から選び、答えをつなげて三字の言葉を完成させましょう。

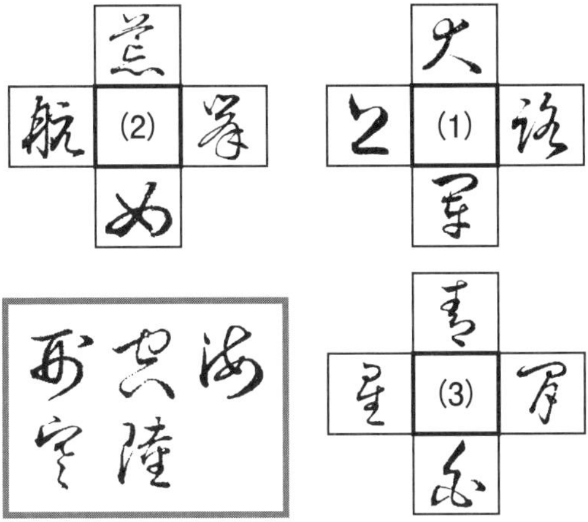

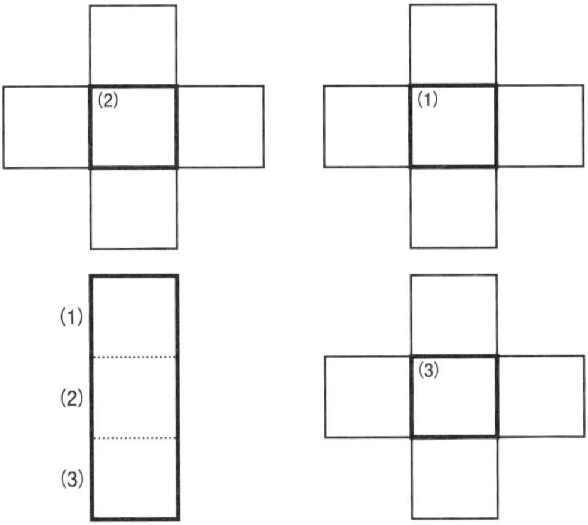

解　答

使わなかったヒントのくずし字

＝寒

＝刑

	荒	
航	(2) 海	岸
	女	

	大	
上	(1) 陸	路
	軍	

(1)	陸
(2)	海
(3)	空

	青	
星	(3) 空	間
	白	

【覚えておきたいくずし】

空	女	岸	路

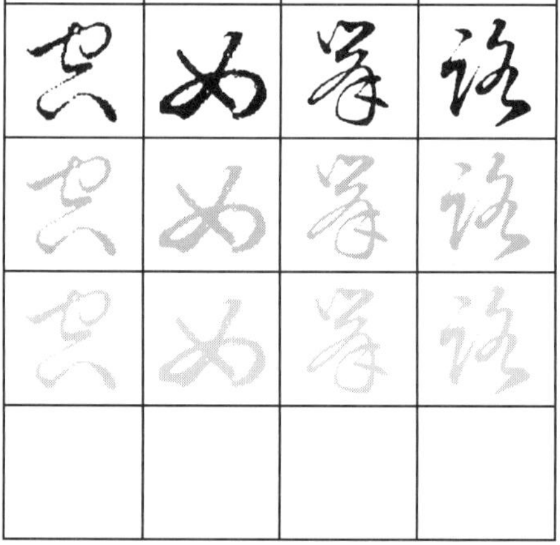

虫食い問題⑬

(1)～(3) に入るくずし字を枠の中から選び、答えをつなげて三字の言葉を完成させましょう。

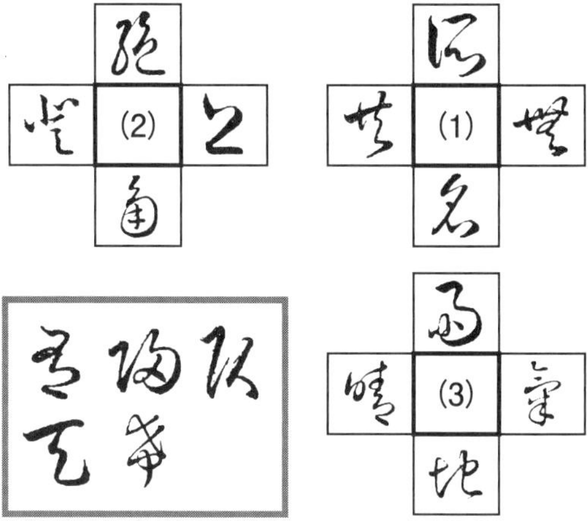

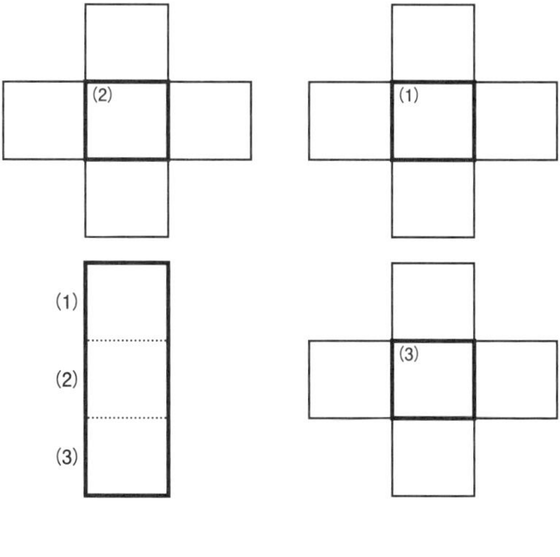

解答

	所	
共	(1) 有	無
	名	

	絶	
登	(2) 頂	上
	角	

	雨	
晴	(3) 天	気
	地	

(1)	有
(2)	頂
(3)	天

【覚えておきたいくずし】

雨	絶	共	所

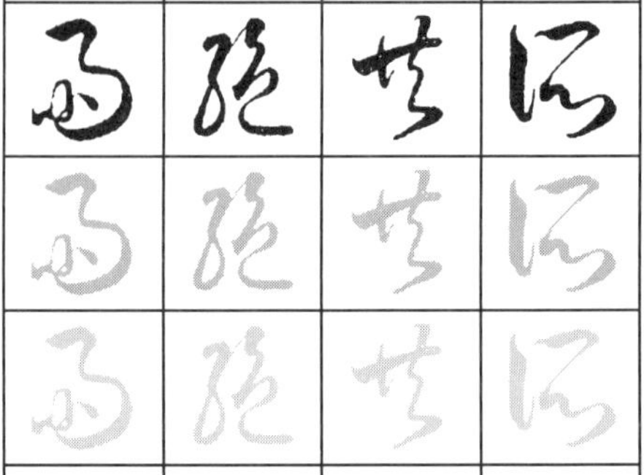

使わなかったヒントのくずし字

＝帰

＝希

〈注〉「氣」は「気」の異体字です。

虫食い問題⑭

(1)～(3)に入るくずし字を枠の中から選び、答えをつなげて三字の言葉を完成させましょう。

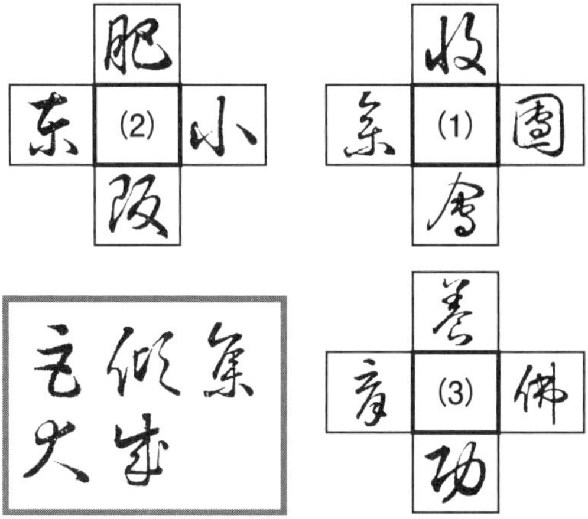

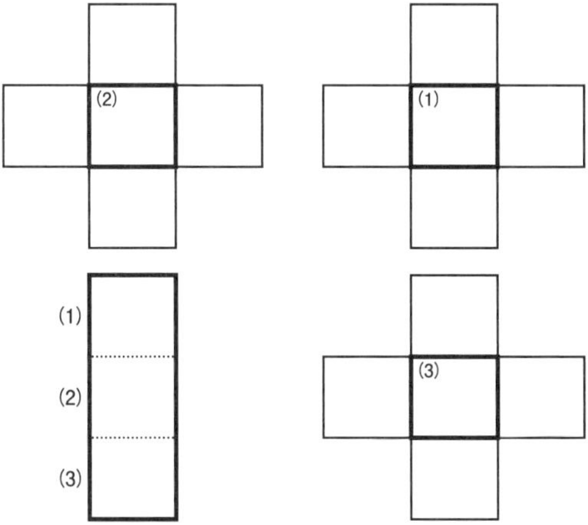

解答

	肥	
東	(2) 大	小
	阪	

	収	
参	(1) 集	団
	会	

(1)	集
(2)	大
(3)	成

	養	
育	(3) 成	仏
	功	

【覚えておきたいくずし】

成	東	参	収

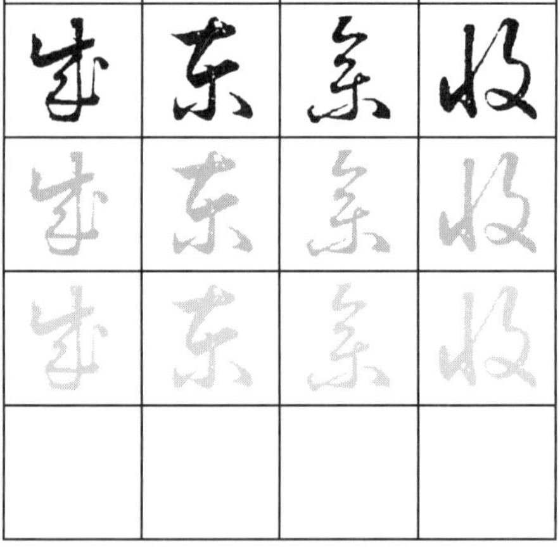

使わなかったヒントのくずし字  ＝巨  ＝傾

〈注〉「團」は「団」の、「會」は「会」の、「佛」は「仏」の旧字です。

虫食い問題⑮

(1)～(3) に入るくずし字を枠の中から選び、答えをつなげて三字の言葉を完成させましょう。

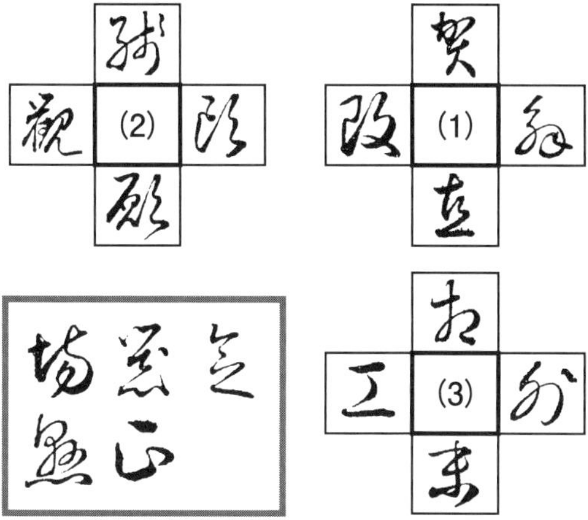

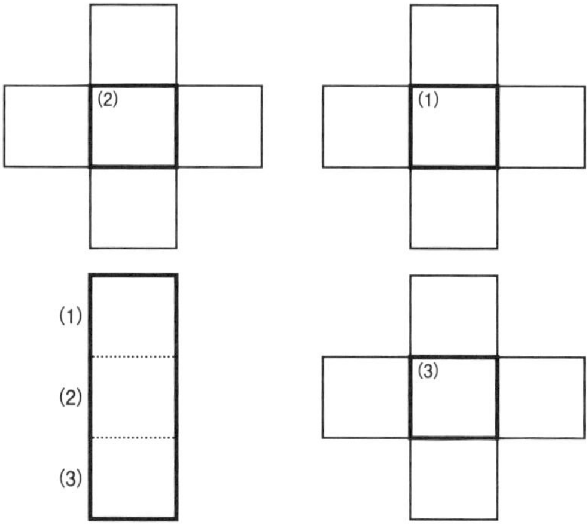

解　答

	賀	
改	(1) 正	解
	直	

	相	
工	(3) 場	外
	末	

	残	
観	(2) 念	頭
	願	

(1)	正
(2)	念
(3)	場

使わなかったヒントのくずし字

＝器

＝懸

〈注〉「解」は「解」の異体字です。

【覚えておきたいくずし】

器	願	残	頭

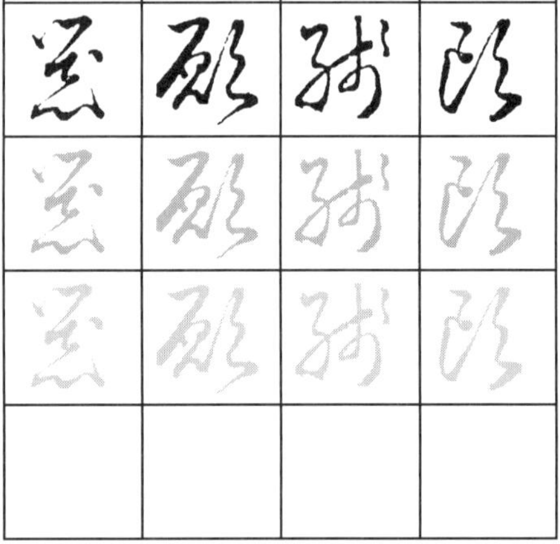

同 **音異字問題**

「同音異字」とは、同じ読みを持つ違う漢字のことです。たとえば、「カイ」と読む漢字には「貝・開・会・界・海」などがあります。

ここでは、これを二字熟語の問題にして作りました。まずは漢字のくずし字から探して組み合わせて二字熟語をつくり、余った二つの漢字のくずし字を組み合わせた二字熟語を見つければ完成です。

解答のページには、枠内のくずし字をなぞりながら練習できるスペースもありますので、あわせて確認してみてください。

同音異字問題例題

枠内の「カイ」と「ホウ」と読む漢字のくずし字を使い八つの二字熟語を完成させてください。

すると使わない漢字が二つあるので、それを二字の熟語にしてください。

カイ	ホウ
□段	□告
□合	□仕
□転	□作
□閉	□石

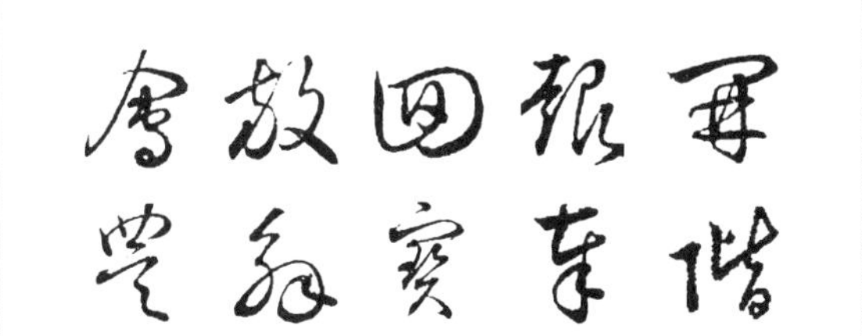

使わなかったくずし字で
二字の熟語をつくろう！ □□

同音異字問題例題の解答

カイ

 段　（階段）

 合　（会合）

 転　（回転）

 閉　（開閉）

ホウ

 告　（報告）

 仕　（奉仕）

 作　（豊作）

 石　（宝石）

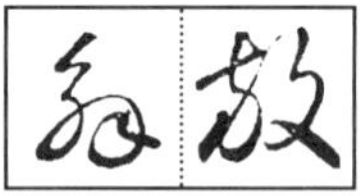 （解放）

〈注〉「會」は「会」の旧字、「囬」は「回」の俗字、「寶」は「宝」の旧字、「觧」は「解」の異体字。

会（會）　放　回　報　開

豊　解（觧）　宝（寶）　奉　階

同音異字問題①

枠内の「コウ」と「キョウ」と読む漢字のくずし字を使い八つの二字熟語を完成させてください。

すると使わない漢字が二つあるので、それを二字の熟語にしてください。

コウ	キョウ
□低	□都
□堂	□妻
□果	□弱
□物	□育

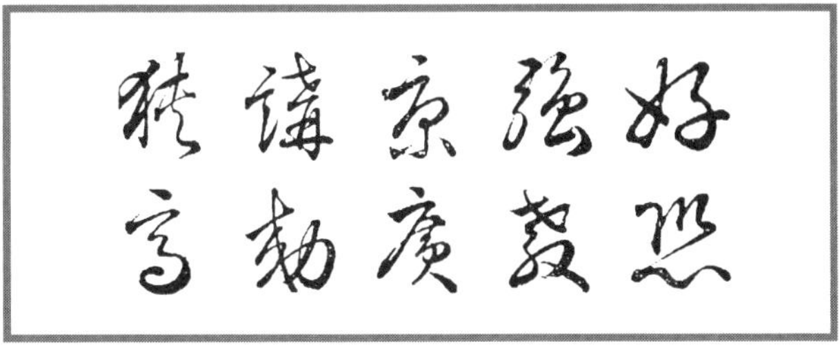

使わなかったくずし字で
二字の熟語をつくろう！

□□

解　答

コウ

低　（高低）

堂　（講堂）

果　（効果）

物　（好物）

キョウ

都　（京都）

妻　（恐妻）

弱　（強弱）

育　（教育）

（広狭）

〈注〉「廣」は「広」の旧字。

狭　講　京　強　好

高　効　広（廣）　教　恐

同音異字問題②

枠内の「ハン」と「ソク」と読む漢字のくずし字を使い八つの二字熟語を完成させてください。

すると使わない漢字が二つあるので、それを二字の熟語にしてください。

ハン		ソク	
□	決	□	量
□	囲	□	帯
□	長	□	攻
□	栄	□	災

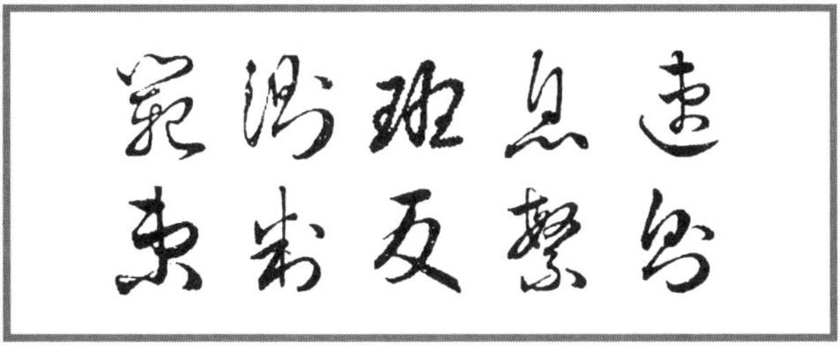

使わなかったくずし字で
二字の熟語をつくろう！

□	□

解　答

ハン

 決　（判決）

 囲　（範囲）

 長　（班長）

 栄　（繁栄）

ソク

 量　（測量）

 帯　（束帯）

 攻　（速攻）

 災　（息災）

 （反則）

範　測　班　息　速

束　判　反　繁　則

同音異字問題③

枠内の「ユウ」と「ジョウ」と読む漢字のくずし字を使い八つの二字熟語を完成させてください。

すると使わない漢字が二つあるので、それを二字の熟語にしてください。

ユウ	ジョウ
□大	□発
□先	□態
□慮	□仏
□気	□識

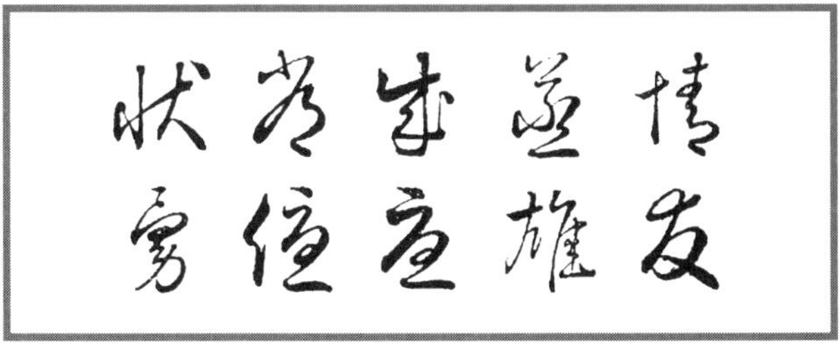

使わなかったくずし字で
二字の熟語をつくろう！

□□

解　答

ユウ

 大　（雄大）

 先　（優先）

 慮　（憂慮）

 気　（勇気）

ジョウ

 発　（蒸発）

 態　（状態）

 仏　（成仏）

 識　（常識）

 （友情）

状　常　成　蒸　情

勇　優　憂　雄　友

同音異字問題④

枠内の「ジュウ」と「ヨウ」と読む漢字のくずし字を使い八つの二字熟語を完成させてください。

すると使わない漢字が二つあるので、それを二字の熟語にしてください。

ジュウ	ヨウ
□居	□子
□者	□易
□横	□少
□両	□生

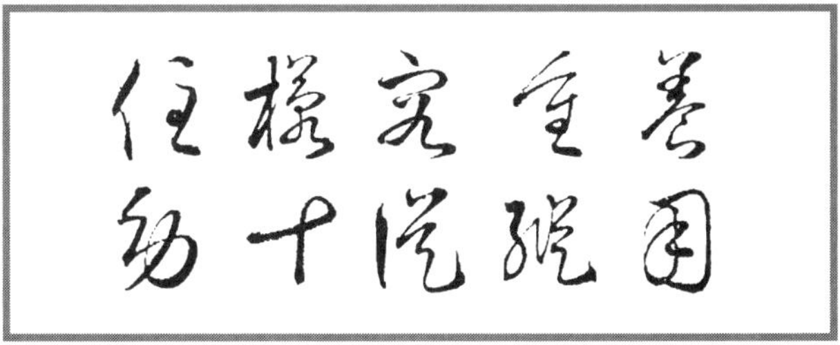

使わなかったくずし字で
二字の熟語をつくろう！

□□

解　答

ジュウ

 居　(住居)

 者　(従者)

 横　(縦横)

 両　(十両)

ヨウ

 子　(様子)

 易　(容易)

 少　(幼少)

 生　(養生)

 (重用)

住

様

容

重

養

幼

十

従

縦

用

同音異字問題⑤

枠内の「リョウ」と「シン」と読む漢字のくずし字を使い八つの二字熟語を完成させてください。

すると使わない漢字が二つあるので、それを二字の熟語にしてください。

リョウ	シン
□輪	□規
□理	□林
□主	□族
□産	□展

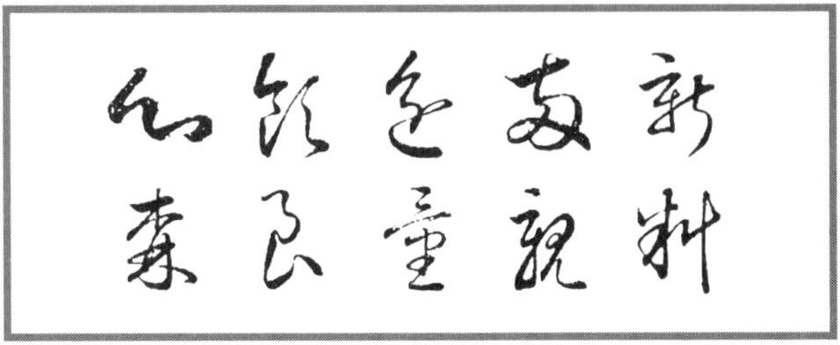

使わなかったくずし字で
二字の熟語をつくろう！

□□

解　答

リョウ

輪　（両輪）

理　（料理）

主　（領主）

産　（量産）

シン

規　（新規）

林　（森林）

族　（親族）

展　（進展）

（良心）

心　　領　　進　　両　　新

森　　良　　量　　親　　料

同音異字問題⑥

枠内の「カン」と「ソウ」と読む漢字のくずし字を使い八つの二字熟語を完成させてください。

すると使わない漢字が二つあるので、それを二字の熟語にしてください。

カン	ソウ
□理	□合
□係	□信
□想	□作
□察	□談

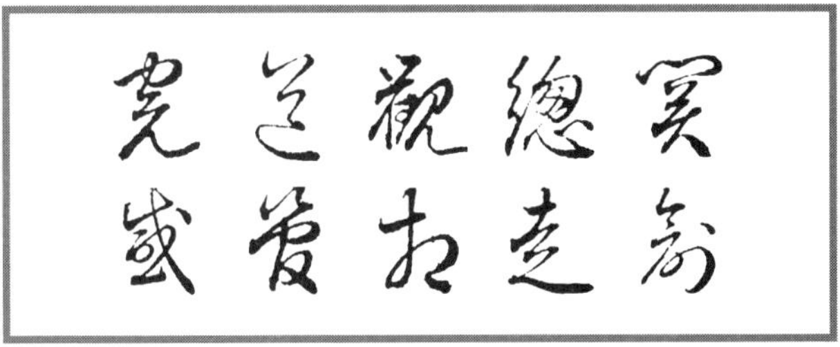

使わなかったくずし字で二字の熟語をつくろう！

□□

解　答

カン

 理　（管理）

 係　（関係）

 想　（感想）

 察　（観察）

ソウ

 合　（総合）

 信　（送信）

 作　（創作）

 談　（相談）

 （完走）

〈注〉「總」は「総」と同字。

完

送

観

総

関

感

管

相

走

創

同音異字問題⑦

枠内の「ショ」と「ダン」と読む漢字のくずし字を使い八つの二字熟語を完成させてください。

すると使わない漢字が二つあるので、それを二字の熟語にしてください。

ショ	ダン
□有	□階
□歩	□女
□道	□流
□国	□体

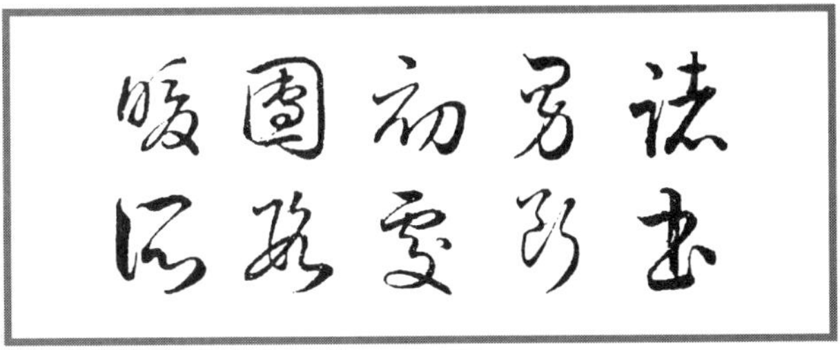

使わなかったくずし字で
二字の熟語をつくろう！

□□

解　答

ショ

 有　（所有）

 歩　（初歩）

 道　（書道）

 国　（諸国）

ダン

 階　（段階）

 女　（男女）

 流　（暖流）

 体　（団体）

 （処断）

〈注〉「團」は「団」の、「處」は「処」の旧字。

暖　団　初　男　諸

所　段　処（處）　断　書

同音異字問題⑧

枠内の「シュ」と「ケン」と読む漢字のくずし字を使い八つの二字熟語を完成させてください。

すると使わない漢字が二つあるので、それを二字の熟語にしてください。

シュ	ケン
□味	□庁
□得	□挙
□印	□識
□記	□任

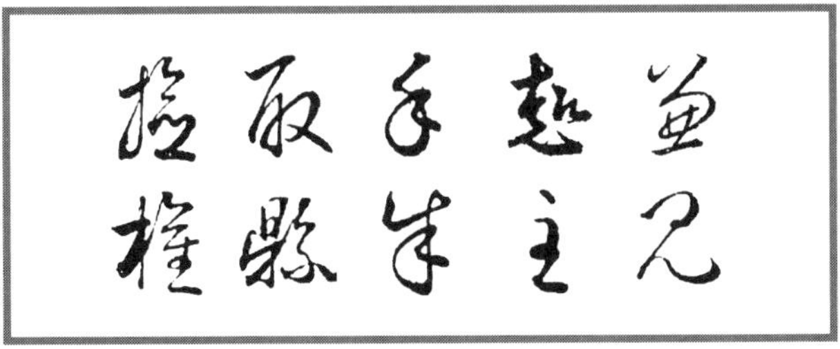

使わなかったくずし字で
二字の熟語をつくろう！

解答

シュ

 味　（趣味）

 得　（取得）

 印　（朱印）

 記　（手記）

ケン

 庁　（県庁）

 挙　（検挙）

 識　（見識）

 任　（兼任）

 （主権）

〈注〉「縣」は「県」の、「檢」は「検」の旧字。

検（檢）　取　手　趣　兼

権　県（縣）　朱　主　見

同音異字問題⑨

枠内の「タイ」と「ショウ」と読む漢字のくずし字を使い八つの二字熟語を完成させてください。

すると使わない漢字が二つあるので、それを二字の熟語にしてください。

タイ	ショウ
□望	□歌
□度	□明
□象	□待
□散	□諾

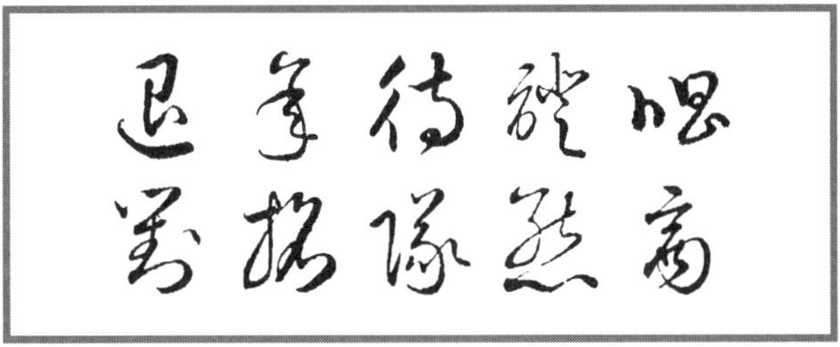

使わなかったくずし字で
二字の熟語をつくろう！

□	□

解答

タイ

 望　（待望）

 度　（態度）

 象　（対象）

 散　（退散）

ショウ

 歌　（唱歌）

 明　（証明）

 待　（招待）

 諾　（承諾）

 （隊商）

〈注〉「對」は「対」の、「證」は「証」の旧字。

退

承

待

証（證）

唱

対（對）

招

隊

態

商

同音異字問題⑩

枠内の「セイ」と「レイ」と読む漢字のくずし字を使い八つの二字熟語を完成させてください。

すると使わない漢字が二つあるので、それを二字の熟語にしてください。

セイ		レイ	
□	天	□	行
□	止	□	凍
□	優	□	儀
□	理	□	題

使わなかったくずし字で
二字の熟語をつくろう！

□□

解　答

セイ

 天　（晴天）

 止　（静止）

 優　（声優）

 理　（整理）

レイ

 行　（励行）

 凍　（冷凍）

 儀　（礼儀）

 題　（例題）

 （政令）

〈注〉「聲」は「声」の、「禮」は「礼」の旧字。

励　整　晴　冷　礼（禮）

声（聲）　政　静　令　例

同音異字問題⑪

枠内の「テイ」と「トウ」と読む漢字のくずし字を使い八つの二字熟語を完成させてください。

すると使わない漢字が二つあるので、それを二字の熟語にしてください。

テイ	トウ
□案	□選
□度	□率
□例	□西
□車	□品

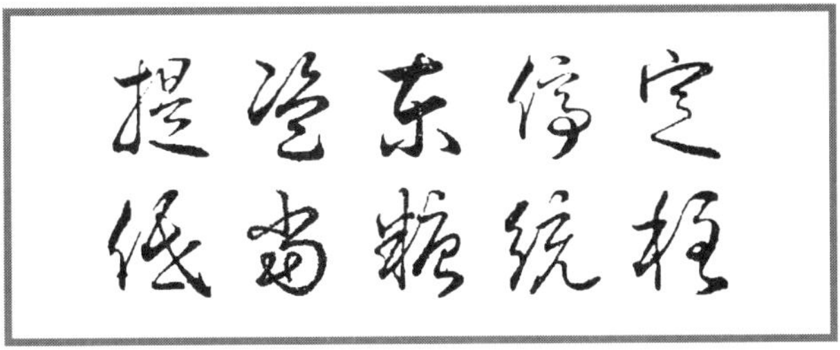

使わなかったくずし字で
二字の熟語をつくろう！

□□

解　答

テイ

 案　（提案）

 度　（程度）

 例　（定例）

 車　（停車）

トウ

 選　（当選）

 率　（統率）

 西　（東西）

 品　（盗品）

 （低糖）

〈注〉「當」は「当」の旧字。

提　盗　東　停　定

低　当（當）　糖　統　程

同音異字問題⑫

　枠内の「セキ」と「ドウ」と読む漢字のくずし字を使い八つの二字熟語を完成させてください。
　すると使わない漢字が二つあるので、それを二字の熟語にしてください。

セキ		ドウ	
□	年	□	話
□	炭	□	入
□	任	□	作
□	所	□	期

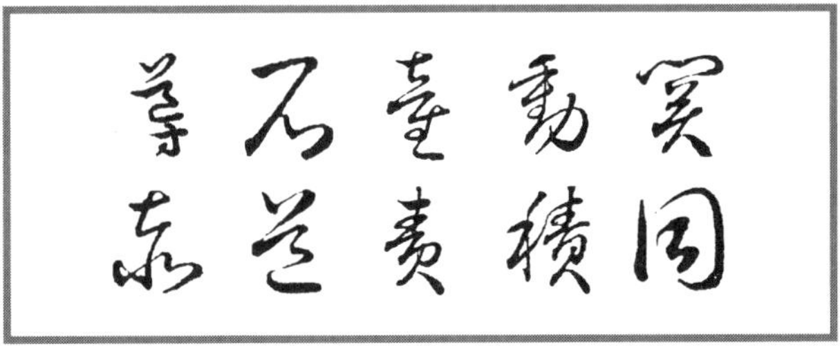

使わなかったくずし字で
二字の熟語をつくろう！

□	□

解　答

セキ

年　(積年)

炭　(石炭)

任　(責任)

所　(関所)

ドウ

話　(童話)

入　(導入)

作　(動作)

期　(同期)

(赤道)

導　石　童　動　関

赤　道　責　積　同

同音異字問題⑬

枠内の「ダイ」と「チョウ」と読む漢字のくずし字を使い八つの二字熟語を完成させてください。

すると使わない漢字が二つあるので、それを二字の熟語にしてください。

ダイ	チョウ
□理	□講
□名	□点
□裏	□子
□所	□面

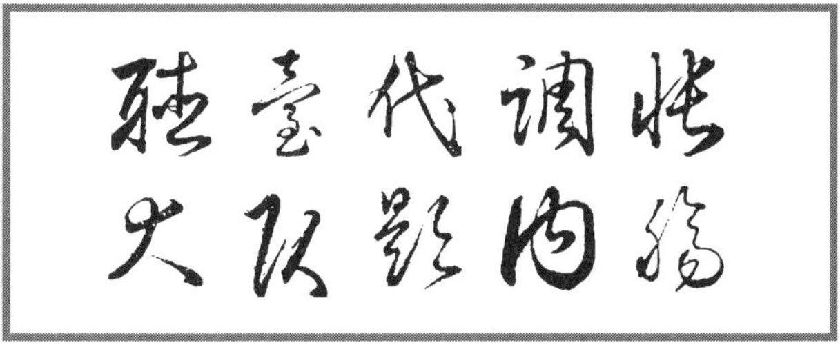

使わなかったくずし字で
二字の熟語をつくろう！

□□

解答

ダイ

 理 （代理）

 名 （題名）

 裏 （内裏）

 所 （台所）

チョウ

 講 （聴講）

 点 （頂点）

 子 （調子）

 面 （帳面）

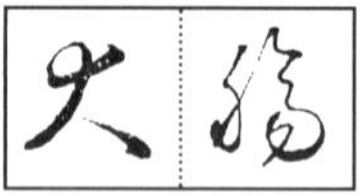 （大腸）

〈注〉「臺」は「台」の旧字。

聴　台（臺）　代　調　帳

大　頂　題　内　腸

同音異字問題⑭

枠内の「タン」と「ボウ」と読む漢字のくずし字を使い八つの二字熟語を完成させてください。

すると使わない漢字が二つあるので、それを二字の熟語にしてください。

タン	ボウ
□生	□力
□当	□易
□純	□衛
□歌	□遠

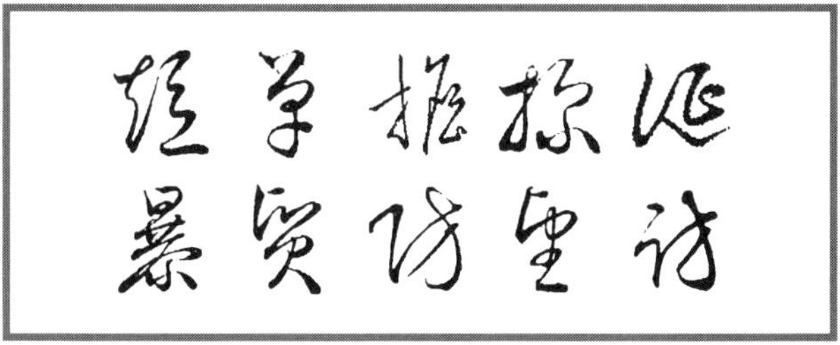

使わなかったくずし字で
二字の熟語をつくろう！

□□

解答

タン

 生　（誕生）

 当　（担当）

 純　（単純）

 歌　（短歌）

ボウ

 力　（暴力）

 易　（貿易）

 衛　（防衛）

 遠　（望遠）

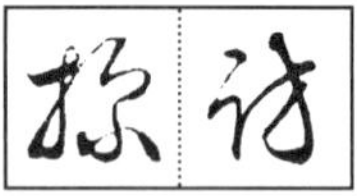 （探訪）

〈注〉「擔」は「担」の旧字。

短　単　担（擔）　探　誕

暴　貿　訪　望　防

同音異字問題⑮

枠内の「チュウ」と「テン」と読む漢字のくずし字を使い八つの二字熟語を完成させてください。

すると使わない漢字が二つあるので、それを二字の熟語にしてください。

チュウ	テン
□節	□示
□車	□型
□目	□落
□夜	□頭

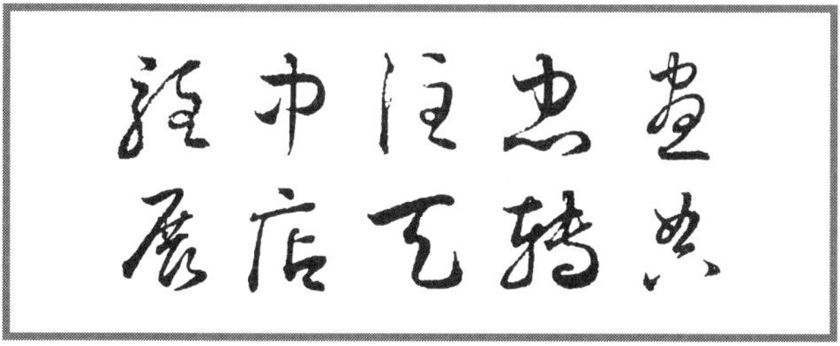

使わなかったくずし字で
二字の熟語をつくろう！ □□

解答

チュウ

 節　（忠節）

 車　（駐車）

 目　（注目）

 夜　（昼夜）

テン

 示　（展示）

 型　（典型）

 落　（転落）

 頭　（店頭）

 （中天）

〈注〉「畫」は「昼」の、「轉」は「転」の旧字。

駐　中　注　忠　昼（畫）

展　店　天　転（轉）　典

漢字しりとり問題

ここでは、まず二十五文字の漢字のくずし字を解読するところから始めます。

そして左上のマスからスタートして、二字熟語を作っていき、どんどんつなげて右下のゴールに達することができれば、くずし字解読力も漢字能力もすばらしいといえます。

最後は通らなかった二文字を組み合わせ二字熟語を作れば完成です。

漢字しりとり例題

くずし字を解読して下の表に常用漢字を書き入れたら、左上のマスからスタートして、漢字の熟語しりとりをしながら右下のマスのゴールをめざします。すると通らない字が二つあるので、それを熟語にしてください。

通らなかった文字で熟語をつくろう！

□□

（　　）

スタート

ゴール

漢字しりとり例題の解答

友	言	論	学	生
達	金	理	科	国
筆	年	近	地	土
記	文	遠	方	角
念	願	望	古	度

〈注〉「國」は「国」の旧字です。

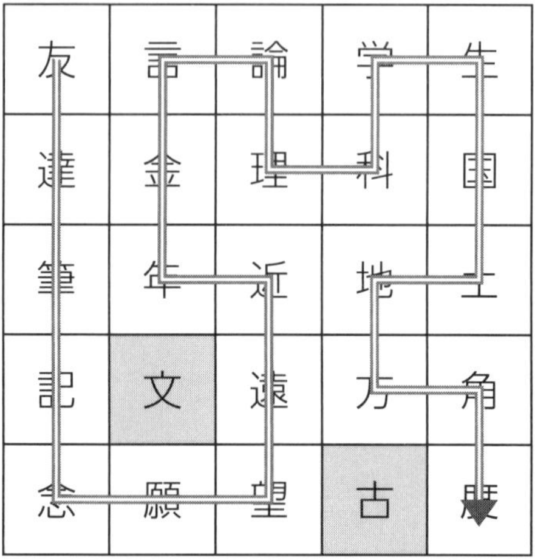

文
古

（古文）

漢字しりとり①

通らなかった文字で熟語をつくろう！

□□

（　　）

スタート

ゴール

解　答

笑	志	願	望	定
顔	同	検	月	日
色	合	会	学	照
男	置	物	見	明
女	装	流	石	解

〈注〉「檢」は「検」の、「會」は「会」の旧字です。
「觧」は「解」の異体字です。
「流石」（さすが）、「石見」（いわみ）。

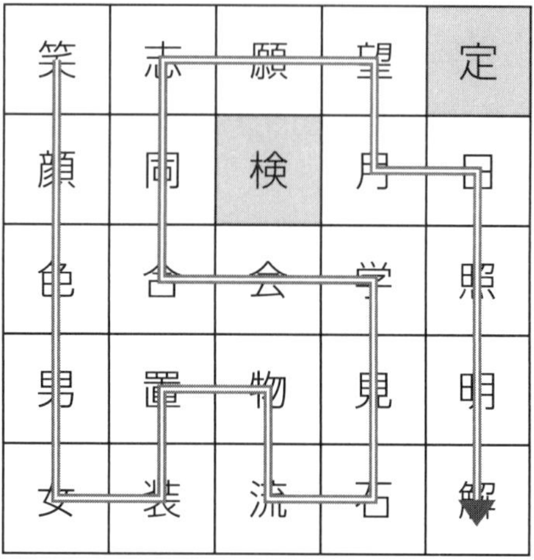

検
定

（検定）

漢字しりとり②

通らなかった文字で熟語をつくろう！

スタート

ゴール

解答

簡	白	鳥	差	異
単	純	類	段	同
画	絵	似	石	時
家	母	品	定	報
庭	先	物	字	告

〈注〉「畫」は「画」の、「繪」は「絵」の旧字です。「似絵」（にせえ）。

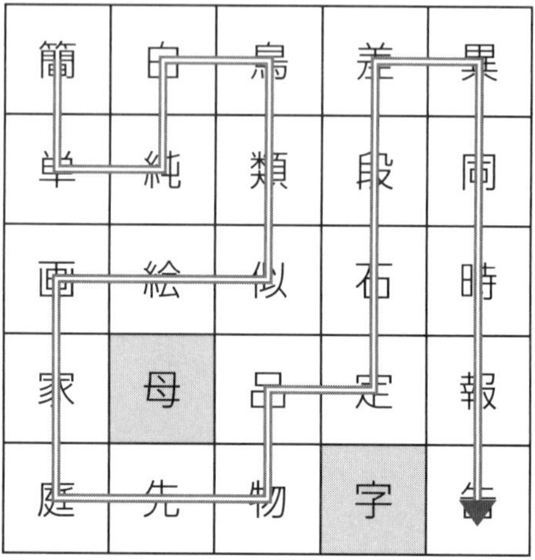

母
字

（字母）

漢字しりとり③

通らなかった文字で熟語をつくろう！

□□

（　　）

スタート

ゴール

解　答

選	配	列	座	敷
挙	心	点	読	布
動	作	接	造	製
評	品	面	船	旅
伝	記	帳	書	行

〈注〉「擧」は「挙」、「傳」は「伝」、「點」は「点」、「讀」は「読」の旧字です。「舩」は「船」の俗字です。

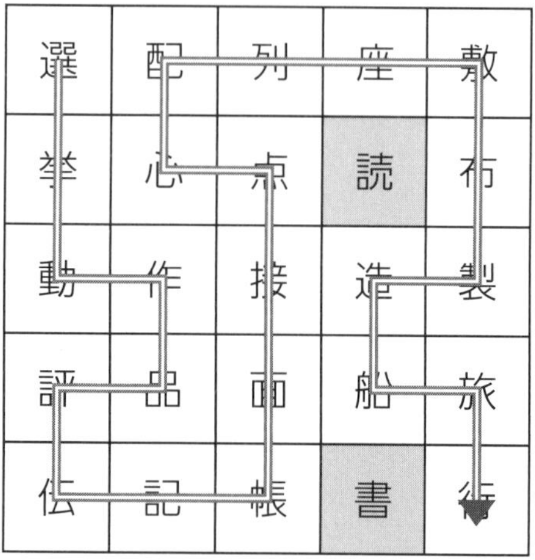

読
書

（読書）

漢字しりとり④

通らなかった文字で熟語をつくろう！

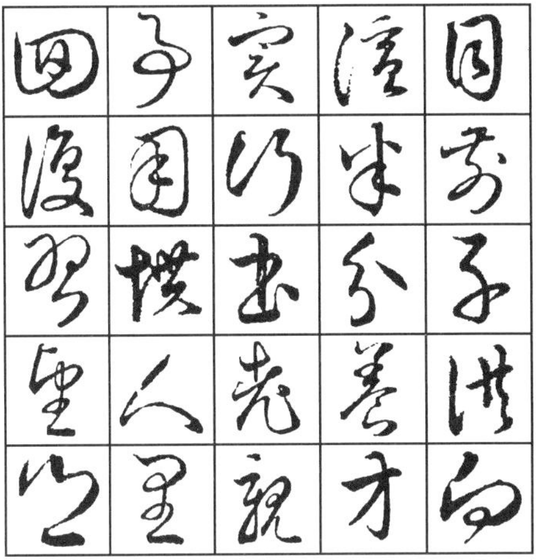

□□（　　）

スタート

ゴール

解　答

回	事	実	演	目
復	用	行	半	前
習	慣	書	分	子
望	人	老	養	供
郷	里	親	方	向

〈注〉「囬」は「回」の俗字です。

行
書

（行書）

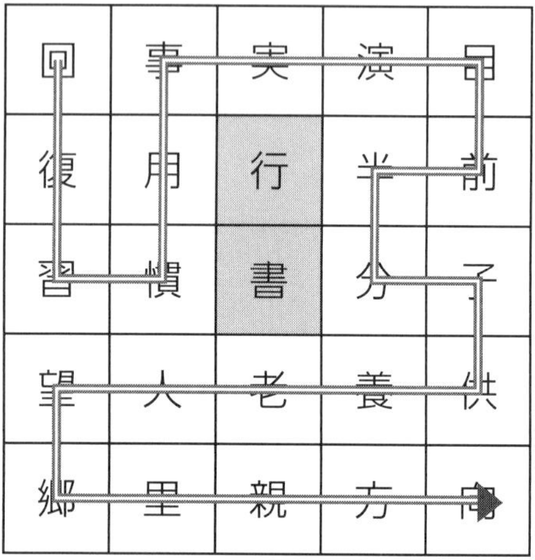

漢字しりとり⑤

通らなかった文字で熟語をつくろう！

□□
（　　）

スタート

ゴール

解　答

所	本	尊	覚	知
信	根	敬	味	人
心	屋	具	興	生
臓	産	備	中	徒
器	物	育	成	然

〈注〉「産屋」（うぶや）、「具備」（ぐび）、「備中」（びっちゅう）、「中興」（ちゅうこう）、「徒然」（つれづれ）。

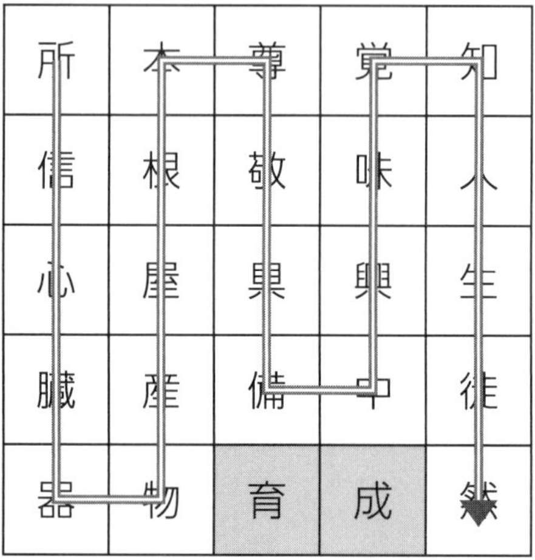

育
成

（育成）

漢字しりとり⑥

通らなかった文字で熟語をつくろう！

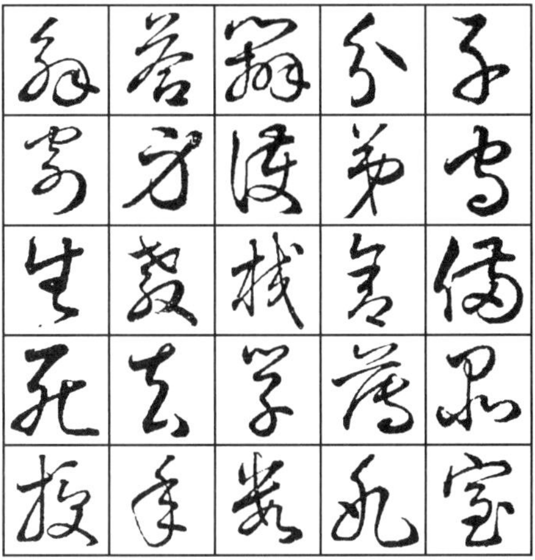

□□（　　　）

スタート

ゴール

解　答

解	答	弁	分	子
寄	身	護	弟	守
生	教	校	舎	備
死	去	学	薄	品
授	年	数	氷	室

〈注〉「辨」は「弁」の旧字です。
「觧」は「解」の異体字です。
「品薄」（しなうす）、「氷室」（ひむろ）。

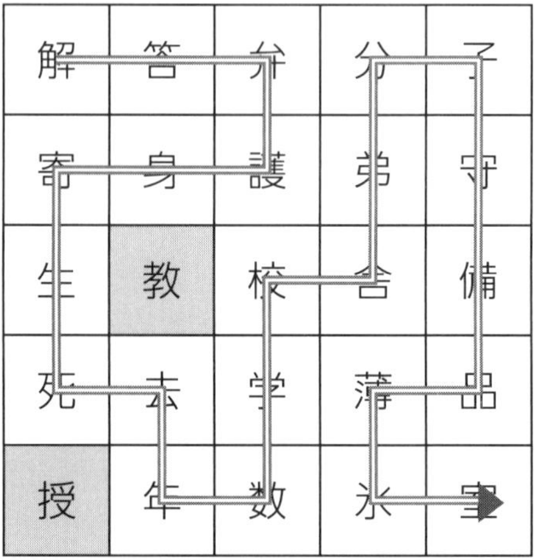

教
授

（教授）

漢字しりとり⑦

通らなかった文字で熟語をつくろう！

□□（　　）

スタート

ゴール

解　答

学	応	備	品	格
問	標	準	論	言
題	目	用	法	律
元	親	母	父	義
気	体	育	児	童

〈注〉「氣」は「気」の、「體」は「体」の旧字です。

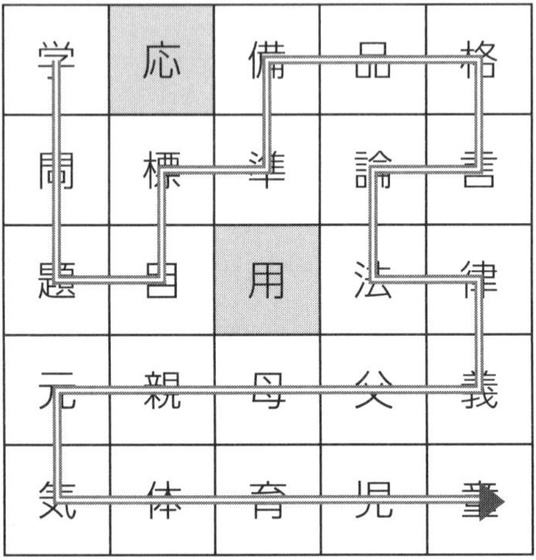

応
用

（応用）

漢字しりとり⑧

通らなかった文字で熟語をつくろう！

□□
（　　）

スタート

ゴール

解答

権	利	息	子	宝
現	別	格	価	物
前	名	台	頭	痛
後	実	屋	動	感
退	散	布	作	家

〈注〉「寶」は「宝」の、「價」は「価」の、「臺」は「台」の旧字です。「散布」（さんぷ）。

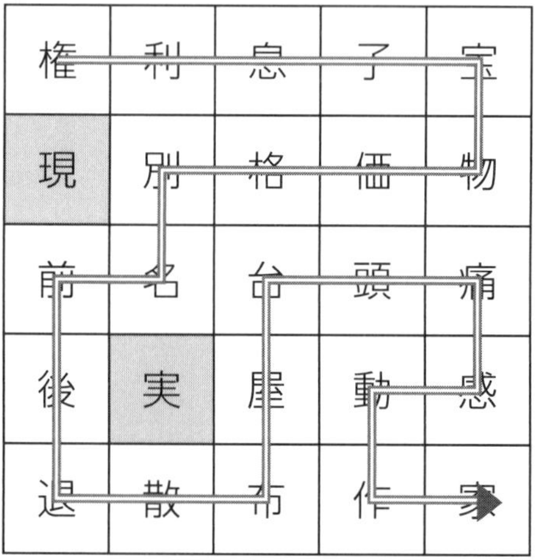

現
実

（現実）

漢字しりとり⑨

通らなかった文字で熟語をつくろう！

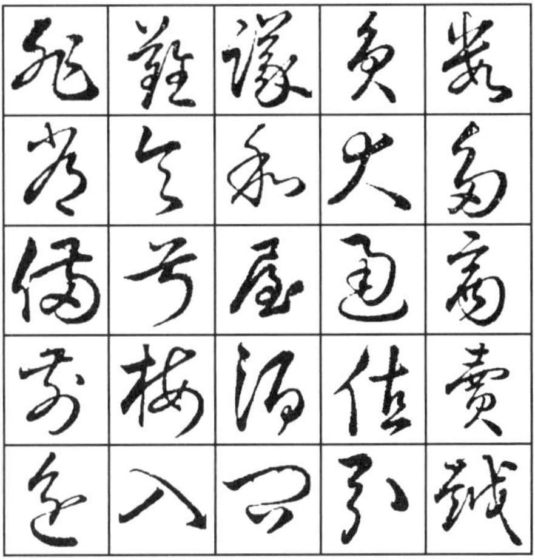

□□（　）

スタート

ゴール

解　答

非	難	議	員	数
常	令	和	大	多
備	号	屋	通	商
前	梅	酒	値	売
進	入	問	引	越

〈注〉「賣」は「売」の旧字です。「貟」は「員」の俗字です。「備前」（びぜん）、「数多」（あまた）。

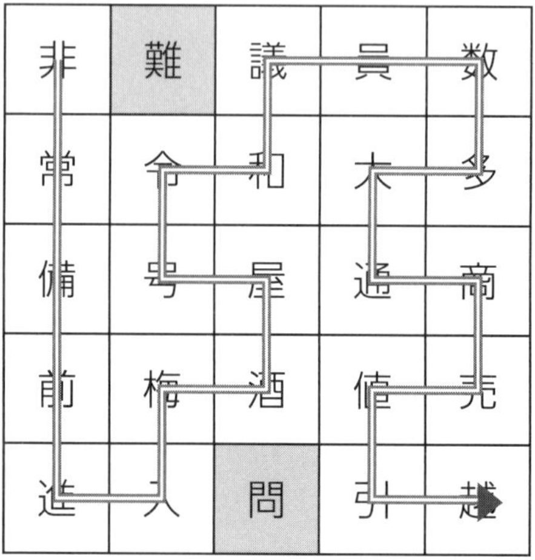

難
問

（難問）

漢字しりとり⑩

通らなかった文字で熟語をつくろう！

□□（　　）

スタート

ゴール

解　答

足	軽	減	取	得
紙	度	速	虫	分
宿	合	災	害	乗
賃	弱	火	体	客
金	色	用	質	札

〈注〉「輕」は「軽」の、「蟲」は「虫」の、「體」は体の旧字です。

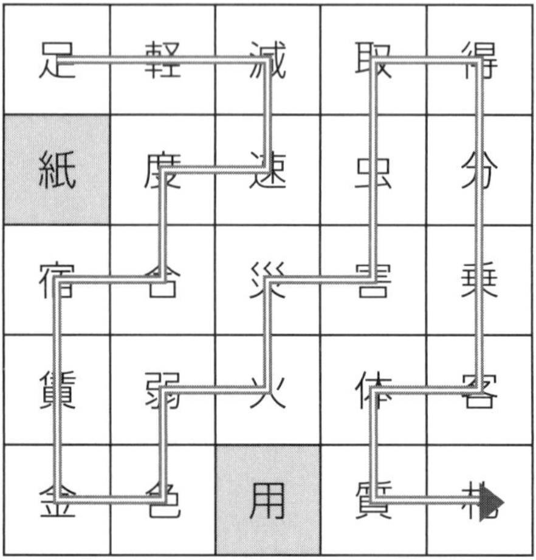

紙
用

（用紙）

小林正博

こばやし・まさひろ

一九五一年東京都生まれ。博士（文学）。現在、一般社団法人古文書解読検定協会代表理事、東洋哲学研究所主任研究員、日本古文書学会会員、東京富士美術館評議員、学園都市大学古文書研究会顧問。生涯学習インストラクター古文書1級、博物館学芸員、図書館司書。著書に『日蓮の真筆文書をよむ』（第三文明社）『実力判定　古文書解読力』（柏書房）『読めれば楽しい！古文書入門』『これなら読める！くずし字・古文書入門』『書ければ読める！くずし字・古文書入門』（潮出版社）など。

034

楽しく学べる！ くずし字・古文書パズル①

2020年 4月20日 初版発行

著 者｜ 小林正博

発行者｜ 南 晋三

発行所｜ 株式会社潮出版社
〒102-8110
東京都千代田区一番町6 一番町 SQUARE
電話 ■ 03-3230-0781（編集）
■ 03-3230-0741（営業）
振替口座 ■ 00150-5-61090

印刷・製本｜ 株式会社暁印刷

ブックデザイン｜ Malpu Design

ISBN978-4-267-02242-5